Der Digital Navigator

Thomas Mohr

Der Digital Navigator

Ein Modell für die digitale Transformation

Thomas Mohr
Grasbrunn, Deutschland

ISBN 978-3-658-29703-9   ISBN 978-3-658-29704-6 (eBook)
https://doi.org/10.1007/978-3-658-29704-6

Die Deutsche Nationalbibliothek verzeichnet diese Publikation in der Deutschen Nationalbibliografie; detaillierte bibliografische Daten sind im Internet über http://dnb.d-nb.de abrufbar.

© Springer Fachmedien Wiesbaden GmbH, ein Teil von Springer Nature 2020
Das Werk einschließlich aller seiner Teile ist urheberrechtlich geschützt. Jede Verwertung, die nicht ausdrücklich vom Urheberrechtsgesetz zugelassen ist, bedarf der vorherigen Zustimmung des Verlags. Das gilt insbesondere für Vervielfältigungen, Bearbeitungen, Übersetzungen, Mikroverfilmungen und die Einspeicherung und Verarbeitung in elektronischen Systemen.
Die Wiedergabe von allgemein beschreibenden Bezeichnungen, Marken, Unternehmensnamen etc. in diesem Werk bedeutet nicht, dass diese frei durch jedermann benutzt werden dürfen. Die Berechtigung zur Benutzung unterliegt, auch ohne gesonderten Hinweis hierzu, den Regeln des Markenrechts. Die Rechte des jeweiligen Zeicheninhabers sind zu beachten.
Der Verlag, die Autoren und die Herausgeber gehen davon aus, dass die Angaben und Informationen in diesem Werk zum Zeitpunkt der Veröffentlichung vollständig und korrekt sind. Weder der Verlag, noch die Autoren oder die Herausgeber übernehmen, ausdrücklich oder implizit, Gewähr für den Inhalt des Werkes, etwaige Fehler oder Äußerungen. Der Verlag bleibt im Hinblick auf geografische Zuordnungen und Gebietsbezeichnungen in veröffentlichten Karten und Institutionsadressen neutral.

Lektorat/Planung: Ann-Kristin Wiegmann
Springer Gabler ist ein Imprint der eingetragenen Gesellschaft Springer Fachmedien Wiesbaden GmbH und ist ein Teil von Springer Nature.
Die Anschrift der Gesellschaft ist: Abraham-Lincoln-Str. 46, 65189 Wiesbaden, Germany

Vorwort

Seit über 15 Jahren beschäftige ich mich nun in Forschung, Lehre und vor allem in der Praxis mit dem Management von Innovation und mit der Digitalisierung. In dieser Zeit durfte ich zahlreiche Unternehmen von innen kennenlernen – dafür bin ich sehr dankbar. Dies kann mitunter jedoch auch recht frustrierend sein. Vor allem, weil man tagtäglich dabei zusehen muss, wie viele Unternehmen hier einfach nicht weiterkommen. Da stellt sich unweigerlich die Frage woran das liegt. Am Nicht-können? Oder am Nicht-wollen?

Die Digitalisierung ist – getrieben durch die Informationstechnologie vor allem im Bereich Software und Internet – unsere heutige Innovationsquelle Nummer Eins. Der größte Feind der Innovation ist seit jeher das Tagesgeschäft. So ist es nicht verwunderlich, dass auch für die Digitalisierung das Tagesgeschäft ein großes Hindernis darstellt. Außerdem hat sich herausgestellt, dass heute – und das gilt vor allem im Bereich der Digital-Technologie – neue Arbeitsmethoden und Paradigmen notwendig sind. Diesen stehen die häufig ausgefeilten und jahrelang mühevoll entwickelten und optimierten Anreizsysteme, Prozess- und Organisationsstrukturen entgegen.

Diese Erkenntnis ist wichtig, bringt uns aber nicht weiter, denn die Digitalisierung ist vor allem eins – nicht aufzuhalten.

Hier soll dieses Buch helfen. Warum noch ein weiteres Buch? Es gibt doch schon so viele Bücher und Ratgeber über Strategie und mittlerweile auch über das Thema Digitalisierung und wie man die digitale Transformation meistern kann. Und außerdem sind doch gerade Bücher sowas von altmodisch und entsprechen nicht dem digitalen Ideal, da sie deutlich mehr als 140 Zeichen haben.

Das grundsätzliche Problem, dass mich zur Erstellung des Buches motiviert hat ist, dass weder in der Theorie noch in der Praxis anerkannte, einheitliche und vor allem praktikable Management Tools im Bereich der Digitalisierung existieren. Die bestehenden Konzepte lassen sich leider nur schwer in die Praxis umsetzen – sie sind meines Erachtens einfach zu kompliziert. Nun könnte man meinen, dass die Digitalisierung – da es sich hier ja um ein sehr komplexes Problem in einer sehr komplexen Umwelt handelt – auch ganz komplexe Modelle zur Lösung verlangt (vgl. dazu die Diskussion in Kap. 1). Ein Eldorado für uns Berater also – sollte man meinen: je komplizierter und detaillierter die Modelle, desto höher der Beratungsbedarf. Jeder erstellt ein eigenes Modell, das gerade für einen spezifischen Anwendungsfall funktioniert, nicht aber darüber hinaus. So kommt es unweigerlich dazu, dass Experten aus Politik, Wirtschaft und Wissenschaft zwar die gleichen Probleme ansprechen, oft aber aneinander vorbeireden.

Außerdem kursieren zweifelhafte Selbst-Assessments im Internet, die versprechen, innerhalb von wenigen Minuten kenne man den digitalen Reifegrad des eigenen Unternehmens und wisse was zu tun ist. Es kann jeder selbst bewerten wie seriös solche Angebote sind. Es gibt hier aber keine Pauschallösungen. Bei solchen kommen die Probleme dann spätestens bei der Umsetzung. Keiner versteht mehr, was nun eigentlich getan werden soll und was nicht. Dabei ist das Credo der Digitalisierungsexperten doch so einfach: „einfach mal machen" – nur was denn nun?

Diese Frage will das Buch beantworten und bleibt nicht nur beim „Was", sondern geht vor allem auch auf das „Wie" ein. Das Digital Navigator Modell hat mehrmals in der Praxis bewiesen: Auch wenn es sich hier um eine äußerst komplexe Aufgabe handelt, so kann eine einfache Herangehensweise trotzdem erfolgreich sein.

Ich habe das Buch für Unternehmer geschrieben, die erkannt haben, dass die Auseinandersetzung mit den Themen der Digitalisierung essenziell ist für den zukünftigen Erfolg oder Misserfolg ihres Unternehmens – auch und gerade dann, wenn der *Kern der Wertschöpfung nicht auf Informationstechnologie* beruht. Diese Erkenntnis ist häufig äußerst unbequem, da die meisten Unternehmenslenker ja eben keine „Digital Natives" sind und daher oftmals nur schwer Zugang zu den neuen Technologien finden. Mit „Unternehmer" richte ich mich dabei auch nicht nur an die Eigentümer bzw. Gesellschafter, sondern im Kern auch an alle Mit-Unternehmer im Wortsinne und damit an alle Menschen, die „ihr" Unternehmen weiterbringen bzw. in eine positive Zukunft lenken möchten. Zusätzlich richtet sich das Buch auch an meine Studenten – die zukünftigen (Mit-)Unternehmer. Im Übrigen möchte ich darauf hinweisen, dass ich für eine bessere Lesbarkeit auf eine Unterscheidung der Geschlechter in diesem Buch verzichtet habe. Selbstverständlich sind Unternehmerinnen und Unternehmer, Eigentümerinnen und Eigentümer, Gesellschafterinnen und Gesellschafter, Managerinnen und Manager, Studentinnen und Studenten, usw. gleichzeitig gemeint.

Falls Sie sich noch nicht sicher sind, ob hier die richtigen Themen angesprochen werden, so empfehle ich einen Blick in das letzte Kapitel. Vielleicht kommen Ihnen die Beispiele bekannt vor? Insbesondere dann könnte der Digital Navigator Ihnen gefallen!

Das Buch gliedert sich in zwei Teile. Der *erste Teil* dient dem Aufbau eines generellen Verständnisses zum Thema Digitalisierung und digitale Transformation. Dazu ist es nötig, kurz auf das Wesen dieses großen und allumfassenden digitalen Wandels – der uns alle betrifft – einzugehen. Die Argumentation zielt darauf ab, Sie davon zu überzeugen, dass hierzu ein Modell notwendig ist. Nicht ein *weiteres* Modell – sondern ein *anderes* Modell. Dies liegt vor allem an den nebulösen Begrifflichkeiten, hinter denen sich der Sinn und Zweck der Digitalisierung oft versteckt. In diesem Sinne geht es hier insbesondere auch um die Entzauberung der Mythen und Märchen der Digitalisierung, denen man tagtäglich in den Medien begegnen kann. Durch die Zerlegung der Thematik in leicht verständliche Teile wird das Konstrukt greifbar und die Mythen verpuffen sehr schnell. Außerdem kann so die Strategie auch wirklich jedem verständlich vermittelt werden. Das ist für die Umsetzung jeder Strategie absolut notwendig – gilt aber in besonderer Weise hier, denn im Gegensatz zu anderen Herausforderungen geht die Digitalisierungsstrategie alle (im Unternehmen) an. Ich habe das Modell „*Digital Navigator*" genannt: es soll sowohl in der Theorie als auch in der Praxis helfen einen Pfad durch den bestehenden Digitalisierungs-Dschungel zu finden.

Im *zweiten Teil* dieses Buches geht es um die praktische Anwendung des Digital Navigators. Dieser Leitfaden für die praktische Umsetzung soll den Leser an die Hand nehmen und konkret aufzeigen was im Einzelnen zu tun ist. So kann der Digital Navigator als wichtiger „Kompass" fungieren und als Vorlage bzw. Framework für die Erarbeitung von Digitalisierungsstrategien verwendet werden. Die Strategie – bspw. in Form einer „Digital Agenda" – kann aber nur der erste Schritt der Digitalen Transformation sein. Ein Kompass alleine wird eben nur in Zusammenspiel mit der entsprechenden „Landkarte" zum sinnvollen Wegweiser. Die „Landkarte" der Digitalen Transformation bildet die zur Auswahl stehenden Technologien und Geschäftsmodelle ab. Danach geht es um die Vehikel zur Umsetzung (Methoden) und schließlich um das angestrebte Ziel (Organisationsgestaltung). Darauf aufbauend wird in einem konkreten Vorgehensmodell skizziert, wie der Digital Navigator in der Praxis verwendet werden kann. Zum Abschluss folgen ein paar generelle Prinzipien, die eine erfolgreiche Umsetzung versprechen.

Und so können auch Sie, lieber Leser, mit dieser Vorlage Digitalisierungsstrategien auf einfache Weise entwickeln, kommunizieren und erfolgreich umsetzen. Ich wünsche Ihnen viel Spaß und Erfolg dabei!

Dieses Buch-Projekt ist nicht alleine im stillen Kämmerlein entstanden und vor allem auch nicht ohne Auswirkungen auf mein direktes Umfeld. Daher möchte ich mich an allererster Stelle bei meiner geliebten Frau Corinna bedanken. Sie war in den letzten Monaten ein wichtiger Sparringspartner sowie auch eine wichtige Beraterin und Lektorin. Bedanken möchte ich mich bei ihr vor allem aber, weil sie auf viele gemeinsame Stunden zugunsten des Buchs verzichten musste. Die Erstellung des Buches wäre ohne ihr Verständnis, ihre moralische Unterstützung aber auch ihren sachlichen Input nicht möglich gewesen. Mein Dank geht auch an meine Kunden, die mir ihr Vertrauen geschenkt haben und mir einen Einblick in ihre Organisationen ermöglicht haben; sowie an Kollegen und Geschäftspartner, mit denen ich die Konzepte in den letzten Jahren diskutieren konnte. Hier möchte ich vor allem Andreas Kühner für die Unterstützung bei der Ideenentwicklung und -formulierung danken. Zudem bedanke ich mich auch herzlich beim Springer Gabler Verlag – namentlich bei Ann-Kristin Wiegmann, Sabine Bernatz und Nadine Teresa für die Unterstützung.

Grasbrunn und Ulm　　　　　　　　　　　　　　　　　　Thomas Mohr
im März 2019

Inhaltsverzeichnis

Teil I   Ein Modell für die digitale Transformation

1   Digitalisierung: Problem oder Lösung?   3
   1.1   Einführung   4
   1.2   Die Herausforderungen der Digitalisierung   5
   1.3   Ansatzpunkte zur Lösung der Probleme   17
   1.4   Fazit zu Kap. 1   22
   Literatur   22

2   Digitalisierung verstehen   25
   2.1   Bedeutung der Digitalisierung   26
   2.2   Digitalisierung und digitale Transformation   28
   2.3   Die Rolle der Technologie bei der Digitalisierung   37
   2.4   Fazit zu Kap. 2   39
   Literatur   40

3 Ableitung eines Modells ... 41
- 3.1 Bestehende Modelle ... 42
- 3.2 Der Digital Navigator ... 62
- 3.3 Fazit zu Kap. 3 ... 66
- Literatur ... 67

Teil II Ein Leitfaden für die praktische Umsetzung

4 Elemente einer Digitalisierungsstrategie ... 71
- 4.1 Digitale Technologien und Geschäftsmodelle ... 72
- 4.2 Die Werkzeuge der Digitalisierung ... 80
- 4.3 Organisationsgestaltung für die Digitalisierung ... 94
- 4.4 Fazit zu Kap. 4 ... 103
- Literatur ... 104

5 Ein Vorgehensmodell für die Praxis ... 107
- 5.1 Benennung von Verantwortlichen ... 108
- 5.2 Aufstellen einer Digital Agenda ... 110
- 5.3 Umsetzung im Kontext ... 122
- 5.4 Fazit: Ein Bezugsrahmen ... 126
- Literatur ... 127

6 Ein paar Prinzipien zum Schluss ... 129
- 6.1 Wie man es nicht macht ... 130
- 6.2 Wie es gelingen kann ... 136
- Literatur ... 145

Schlusswort ... 147

Über den Autor

Thomas Mohr ist Experte für die Entwicklung und Umsetzung von nachhaltigen Strategien für die digitale Transformation. Er sammelte internationale Berufserfahrung insbesondere in der Software- und IT-Branche, in der Automobilindustrie und in mehreren mittelständischen Unternehmen. Dabei hat er mehrjährige Fach- und Führungserfahrung in der Geschäftsleitung und in verschiedenen Linienfunktionen, Erfahrung in der Leitung national und international verteilter Teams und im Management von großen Projekten und Programmen. Seine Erfahrungen gibt er heute als Berater, Trainer, Speaker und Autor weiter. Daneben ist er bei mehreren Start-ups unternehmerisch und beratend aktiv.

Im Kern seiner Arbeit steht die Beantwortung der Frage, wie die Digitalisierung bestehende Geschäftsmodelle verändert oder gar infrage stellt und wie Unternehmen bzw. Unternehmer darauf reagieren können, welche Chancen sich daraus ergeben und wie diese gewinnbringend genutzt werden können. Bei der Entwicklung daraus abgeleiteter Strategien legt er neben der analytischen Fundierung vor allem Wert auf eine pragmatische Umsetzung. Er hat in den letzten Jahren die operative Umsetzung von mehreren Digitalisierungsprogrammen und den Aufbau von mehreren dedizierten Digital-Einheiten, Inkubatoren und Spin-offs begleitet.

Er hat an der Universität St. Gallen (Dr. oec.), der ETH Zürich, der University of Cambridge sowie an der Universität Karlsruhe (Dipl.-Wi.-Ing.) studiert. 2018 wurde er zum Professor für Digitalisierung und strategisches Management, an der Hochschule für angewandtes Management in Ismaning, berufen.

www.digital-navigator.com

Teil I
Ein Modell für die digitale Transformation

Der erste Teil dieses Buches baut – nach einer kurzen Einführung – zunächst ein generelles Verständnis zur Thematik und zu den Problemstellungen und Herausforderungen im Bereich der Digitalisierung bzw. der Digitalen Transformation auf. Danach wird eine Reihe von etablierten Modellen vorgestellt, die zum Verständnis und zur Lösung der Probleme bei der Digitalisierung herangezogen werden können. Die Argumentation mündet im Konzept des „Digital Navigators", der das Ziel hat, die Themenbereiche der Digitalisierungsstrategie klar, einfach und leicht verständlich zu präsentieren. Das Modell bildet die Grundlage für den zweiten Teil, in dem es um die konkrete Vorgehensweise zur Gestaltung der Digitalen Transformation geht.

1
Digitalisierung: Problem oder Lösung?

Innovate or die.

Peter Drucker

Man kann es ja schon fast nicht mehr hören: Wenn man die Tageszeitungen aufschlägt, geht es um Digitalisierung – im Positiven wie Negativen. Die Unternehmen müssen handeln – und zwar sofort – sonst sind sie morgen nicht mehr da, so der Tenor. Ein Gespenst namens „*Disruption*" schleicht umher und bedroht den gewohnten Gang der Dinge. Das Handeln ist aber gar nicht so einfach in einem Umfeld, wo viele Behauptungen aufgestellt werden, „was nun alles getan werden muss". Es mangelt nicht an Stimmen, Meinungen und „Experten", jedoch sehr an konkreten Orientierungshilfen; nie wird so richtig erklärt, was eigentlich die Hintergründe sind. Es ist aber wichtig, genau diese Hintergründe zu verstehen, wenn man das Ziel verfolgt, sinnvolle Prinzipien abzuleiten. Letztere bilden wiederum ein wichtiges Fundament für die Ableitung von Handlungsempfehlungen. In diesem Kapitel geht es zunächst um eine Zusammenfassung der aktuellen Situation, in der wir heute leben und arbeiten. Dann werden die wichtigsten Herausforderungen aufgezeigt, denen wir – bezogen auf die Digitalisierung in der Industrie – gegenüberstehen. Daraus folgen direkt Ansatzpunkte, wie man mit den Herausforderungen umgehen kann.

1.1 Einführung

Alle Welt redet von Digitalisierung. Industrieverbände, Minister, Zeitungen, Wissenschaftler sind sich einig, dass die deutsche Wirtschaft „irgendwas mit Digitalisierung machen" muss, um im internationalen Wettbewerb bestehen zu können. Allenthalben werden von den großen Konzernen digitale Technologien präsentiert, die geradezu futuristisch anmuten – da ist von Industrie 4.0, von Künstlicher Intelligenz, Internet der Dinge und Blockchains die Rede, von Agilität, „as a Service" und neuen Paradigmen. Neue Begriffe machen die Runde – Plattformen als Geschäftsmodelle, und dann Distributed-Ledger-Technologien wie die Blockchain, um diese wieder abzulösen.

Vielen kleineren und mittelständischen Unternehmen, aber auch Konzernen fällt es nach wie vor schwer zu verstehen, wie und wo sie ansetzen sollten um von den Segnungen der Digitalisierung zu profitieren und ihr langfristiges Überleben zu sichern. In diesem Umfeld sprießen Beratungsunternehmen aus dem Boden, die es auf diese Kundschaft abgesehen haben; denn die Angst etwas Wichtiges zu verpassen ist vielen Geschäftsführern anzumerken.

Noch immer aber ist mancher Entscheider skeptisch – man spürt instinktiv, dass es hier an die Substanz geht, dass das Gewohnte und Bewährte infrage gestellt wird. Man fühlt eine Tsunamiwelle von komplizierten Fragestellungen und Anforderungen auf sich zurollen; Misstrauen gegenüber dem Unbekannten und Furcht vor nicht abschätzbaren Konsequenzen, insbesondere Kosten, stellen sich ein, und zugleich weiß man nicht, welchen ersten Schritt man tun könnte oder sollte. Zugleich hört man hier und da von gescheiterten „Digitalisierungsprojekten" und fühlt sich verunsichert. In einer ohnehin immer komplexer werdenden Wirtschaftswelt ist Digitalisierung zweifellos derzeit die größte Herausforderung.

Dass Digitalisierung neue *Chancen* bietet, weiß jeder. Aber welche Chancen sind das für ein gegebenes Unternehmen, und wie kann man sie nutzen? Viele „Experten" schmücken sich mit Anglizismen und komplizierten Modellen, die manchmal eher abschrecken als helfen. Überspitzt gesagt: Das Verkomplizieren der Sachverhalte gehört nicht selten zum Geschäftsmodell „Berater" – man will sich als ‚sicherer Hafen' anbieten, in dem der womöglich künstlich verunsicherte Kunde Zuflucht findet. Denn in der Tat besteht die gegenwärtige Generation der Unternehmenslenker im Mittelstand zu einem erheblichen Teil noch aus Persönlichkeiten, die ihre prägenden Jahre im vordigitalen Zeitalter erlebt haben und auch keine IT-Fachleute sind. Viele stellen sich unter ‚Digitalisierung' so etwas wie die nächste Software-Generation, besonders raffinierte Computer oder ‚intelligente Geräte' vor – also etwas, was man am besten der IT-Abteilung überlässt. IT gilt ohnehin als Fachgebiet für Spezialisten – für den Rest der Welt ein Buch mit sieben Siegeln. Dies ist jedoch ein Irrtum: Digitalisierung hat viel mehr mit Unternehmensführung, Geschäftsstrategien und Geschäftsmodellen zu tun als gemeinhin vermutet wird. Um sich diesen Zusammenhang klarzumachen, muss man zunächst auch verstehen, was denn ein Geschäftsmodell ist. Dabei wird man feststellen, dass die Digitalisierung als solche also eben nicht in den primären Zuständigkeits- und Kompetenzbereich der Informationstechnik fällt, sondern vielmehr die Chefetage betrifft.

1.2 Die Herausforderungen der Digitalisierung

Unklare Begriffe, unterschiedliche Anschauungen und Blickwinkel zwischen IT und Geschäftsleitung, eine verwirrende Vielfalt an technischen Neuerungen, die Schwierigkeit, Schwerpunkte zu setzen, Mangel an kompetenten Fachkräften und ein hektisches Wettbewerbsumfeld treiben vielen Managern den Schweiß auf die Stirn. Kein Zweifel: Man muss handeln. Bei der Suche nach klaren Handlungskonzepten kann man fünft typische Probleme festhalten (vgl. Abb. 1.1).

Betrachten wir die einzelnen Punkte etwas genauer:

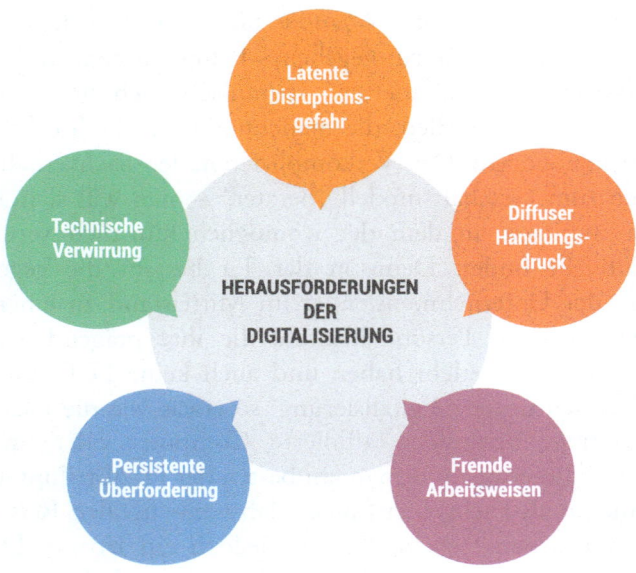

Abb. 1.1 Herausforderungen der Digitalisierung. (Eigene Darstellung)

Latente Disruptionsgefahr
Clayton Christensen hat es mit seinem Werk „The Innovator's Dilemma" bereits vor einigen Jahren auf den Punkt gebracht: gerade die innovativsten, erfolgreichsten und etablierten Unternehmen einer Branche verlieren oftmals im Wettbewerb um bahnbrechende Innovationen (Christensen 2015). Also gerade diese gewohnheitsmäßigen „Gewinner" sind von der heute oftmals zitierten Disruption bzw. von disruptiven Innovationen besonders bedroht und können leicht zu Verlierern werden. Heute gilt „disrupt or be disrupted" – warum das so ist? Es hat vor allem zwei Gründe:

Software als Blaupause für Disruption Softwarelösungen können generell sehr schnell und sehr kostengünstig erstellt, aber auch über das Internet nahezu kostenfrei an jeden Winkel der Erde geliefert und mengenmäßig sehr kostengünstig skaliert werden. Dies macht sie zu prädestinierten Disruptoren: Wenn das etablierte Unternehmen, das auf seine bewährten Prozesse vertraut, merkt, dass ein neuer Spieler auf dem Markt das Kundenproblem auf eine andere und viel einfachere und kostengünstigere Art löst, ist es oftmals schon viel zu spät (Stichwort exponentielles Wachstum).

Die bedrohten Unternehmen sind genau deshalb so erfolgreich, weil sie besonders gut darin sind, die Probleme ihrer Kunden zu lösen. Und genau das tun sie weiterhin und arbeiten daran, ihre Kernkompetenz (bzw. Technologie) immer weiterzuentwickeln, um das Problem des Kunden noch besser zu lösen. Genau dort, wo die Kernkompetenz liegt, tut sich ein solches Unternehmen leicht. In anderen bzw. unbekannten Bereichen, an die keiner denkt, solange alles gut läuft, kommt es dagegen schnell zu Kompetenzlücken.

Die Informationstechnologie ist genau ein solcher Bereich, in welchem viele Unternehmen des deutschen Mittelstands eben nicht ihre Kernkompetenz haben. Und genau dieser Sachverhalt macht die Digitalisierung zum schwierigen Problem.

Das technologische Dilemma Viele gute Ideen werden nicht realisiert, weil das Unternehmen strukturell überhaupt nicht dafür ausgelegt ist. Die über Jahre aufgebauten Systeme und Prozesse, die organisatorischen Strukturen und Mentalitäten, ja selbst Besitzstandsdenken und der Widerwille vieler Menschen gegen Änderungen und Abweichungen vom Gewohnten („Das haben wir doch immer schon so gemacht, wieso sollen wir das jetzt plötzlich ändern?") stellen sich allen Versuchen entgegen, etwas Neues zu versuchen. Hier haben es Startups leichter – sie können bei null anfangen und strukturell experimentieren und optimieren, bis sie evolutionär am mehr oder weniger optimalen Punkt ankommen. Dieser optimale Punkt ist meistens eng mit dem Begriff „Agilität" verknüpft, mit dem wir später noch öfter zu tun haben werden.

Aber diesen Luxus hat ein bestehendes Unternehmen nicht. Es muss Wege finden, schrittweise neues Terrain zu erkunden und zugleich sein

Geschäft am Laufen zu halten. Anders ausgedrückt: Das Management muss zweigleisig fahren. In ihrem bereits 2004 erschienenen Artikel „*The Ambidextrous Organization*" vergleichen O'Reilly und Tushman diese Zweigleisigkeit mit der Doppelgesichtigkeit des römischen Gottes Janus, der mit dem nach hinten gerichteten Gesicht die Vergangenheit betrachtet, mit dem nach vorne gerichteten die Zukunft (O'Reilly und Tushman 2004). „Ambidextrous" bedeutet so viel wie „mit beiden Händen gleich geschickt" als Gegensatz zu Rechts- oder Linkshändigkeit. Ein Unternehmen, das diesen Balanceakt zwischen dem Fokus auf das laufende Geschäft und der Vorbereitung auf eine disruptive, digitale Zukunft schafft, hat eine gute Chance, die digitale Transformation zum Erfolg zu führen.

Diffuser Handlungsdruck
Die Omnipräsenz des Themas Digitalisierung und seine ständige Betonung in politischen Reden während der letzten Jahre erzeugen das Gefühl, dringend handeln zu müssen. Was das jedoch im Einzelfall bedeutet und was es nützen soll, bleibt oft seltsam nebulös. Aus Sicht eines mittelständischen Unternehmens lassen sich mindestens drei grundsätzliche Hindernisse identifizieren:

1. Es gibt eine unübersehbare Vielfalt an Technologien: Künstliche Intelligenz, meist angeboten nach dem Modell „as a Service"; 5G-Mobilfunkstandard; Cloud-Computing; visuelle Sensorik („sehende Computer"); Erweiterte Realität; und Blockchain, um nur die wichtigsten zu nennen. Wie soll man diese Technologien bewerten, ihren Nutzen bzw. ihre Priorität für das eigene Unternehmen einschätzen, und wie steht es um die Wirtschaftlichkeit solcher Projekte?
2. Vielerorts werden hektisch Projekte und Initiativen aufgelegt, die die Ressourcen vieler Unternehmen bis an die Grenzen strapazieren, besonders die IT. Dabei zeigen sich bereits erste Risse im Gefüge – unklar definierte geschäftliche Ziele und Verantwortlichkeiten geben Anlass zu Konflikten und vereiteln Erfolge.
3. Das Thema ‚Digitalisierung' ist recht diffus und schwer eingrenzbar. Es gibt unterschiedliche Definitionen und Begrifflichkeiten

(z. B. unterscheiden manche Autoren zwischen „Digitalisierung" und „digitaler Transformation", s. u.) und eine breite Auswahl an methodischen Ansätzen, die das Bild für den Einsteiger zusätzlich verkomplizieren. Die Unübersichtlichkeit der Modelle und Tools birgt hohes Frustrationspotenzial und damit die Gefahr, dass tatsächlich vorhandene Chancen und Möglichkeiten gar nicht erst ausgelotet werden.

Hinzu kommt wachsende Angst um Arbeitsplatzverlust, vor dem u. a. eine OECD-Studie zur Zukunft des Arbeitsmarktes warnt (Palka 2018). Einfach etwas zu tun, um das Gefühl des Handeln Müssens loszuwerden, ist natürlich nicht hilfreich. Der gedankliche Ansatz muss daher nicht von der Frage „Wie kann ich digitalisieren?" ausgehen, sondern von der Identifizierung der Bereiche im Unternehmen, in denen Handlungsbedarf besteht – von der Frage also: „Was muss ich tun, um handlungsfähiger werden?"

Fremde Arbeitsweisen
Aber es geht nicht nur um Technologie, sondern auch um unsere Art zu arbeiten: vor allem in Deutschland (dafür sind wir bekannt) sind in den letzten Jahren und Jahrzenten der Industrialisierung viele Prozesse und Systeme aufgebaut worden, die unseren bisherigen Erfolg als Exportweltmeister begründet haben.

Diesen Erfolg kann man heute an perfekten Produkten und Nahe-Null-Fehler-Prozessen ablesen. So wird in der Automobilindustrie mit Ausschussraten von „Parts per Million" (ppm) gerechnet, weil wir so wenige Fehler produzieren, dass man diese in Prozent schon gar nicht mehr angeben kann. Nun ist die erfolgreiche Arbeitsweise im Startup-Bereich aber geprägt vom Paradigma „fail fast, fail early", d. h. bewusste Inkaufnahme des Scheiterns als kreatives Arbeitsprinzip – und damit können viele etablierte Unternehmen nichts anfangen. Diese vom Lernen her geprägte Herangehensweise nennt sich „Lean Startup" (Ries 2011) und ist an die Lean Management Konzepte angelehnt, die in der Industrie bekannt und gängige Praxis sind (vgl. Kap. 4).

Die Wirtschaft ist überdies noch sehr weitgehend an eine bestimmte Denkweise gewöhnt, die auf einem zentralistisch-hierarchischen

Management-Konzept mit jahrelangen Produktentwicklungs- und Projektzyklen beruht. Dabei war es bisher die „Aufgabe der IT, reibungslose Abläufe sicherzustellen. Stabilität war gefragt. Mit der Digitalisierung wandelt sich das: nun sind Innovation und Experimentierfähigkeit gefordert" (Pütter 2019).

Die generelle Tendenz im Management-Denken geht heute eher in Richtung dezentraler, kleinteiliger, team-orientierter Arbeitsmodelle mit flachen Hierarchien, die schnell agieren können. An die Stelle jahrelanger Entwicklungszyklen treten zunehmend kurzfristigere Ziele, die sich schnell realisieren lassen. Deshalb spricht man von Agilität, also „Beweglichkeit" oder „Wendigkeit", als wichtigem Faktor für den Unternehmenserfolg. Und weil diese Denkweise sich stark von der konventionellen unterscheidet, ist sie „disruptiv" und führt zu neuen Arbeits- und Denkmodellen, die die alten Paradigmen weitgehend ersetzen.

Eine wesentliche Ursache dieses Wandels ist die in der Softwarebranche heute übliche und uns allen bekannte Verfahrensweise, Software und Updates im unfertigen Zustand auf den Markt zu bringen und dann die nötigen Verbesserungen anhand der Rückmeldungen von Nutzern nachträglich vorzunehmen. Das ist zwar in anderen Branchen kein empfehlenswertes Verfahren, aber man konnte auf diese Weise die schwerfälligen und langatmigen Entwicklungsprozesse – deren Resultate dann oft schon veraltet waren, wenn sie endlich auf den Markt kamen – durchbrechen und die Innovation beschleunigen. Die dabei entwickelten neuen, agilen, sehr kreativen Arbeitsweisen wiederum bieten für alle Industrien interessante neue Perspektiven – ohne unfertige Produkte auf den Markt zu bringen.

Die enorm beschleunigten *Innovationszyklen* in der Konsumgüterindustrie, ganz besonders bei den Kfz-Herstellern, können diese neuen Arbeitsweisen gut gebrauchen. „Agilität" beschreibt dabei das hohe Maß an Flexibilität und Reaktionsschnelligkeit, das durch kollaboratives und proaktives Arbeiten in kleinen Teams mit viel Raum für Spontaneität möglich wird. Es ist sehr effizient und kann rasch zu greifbaren Ergebnissen führen, setzt aber seinerseits eine geeignete Management-Mentalität und Organisationsstruktur und eine passende technische Unterstützungsumgebung voraus. Die klassischen hierarchischen

Organisationsstrukturen, die auf Kontinuität setzen, sind dem gegenüber zu starr und zu langsam.

Kooperation ist also Trumpf, scheitert aber in der Praxis immer wieder am konventionellen „Silodenken". Überkommene hierarchische und siloartige Unternehmensstrukturen fördern Auswüchse wie Konkurrenzdenken, Rivalitäten, Kompetenzkonflikte, Angst vor Kontroll-und Machtverlust und führen nicht selten zu Opportunismus und klammheimlicher Sabotage aus Eifersucht. Vielfach herrscht eine Angstkultur, in der sich niemand nach vorne wagt. Angst aber würgt Eigeninitiative ab und hinterlässt bestenfalls Mittelmaß.

Das darf natürlich nicht sein, ist aber Ausdruck tiefsitzender menschlicher Instinkte, die durch gezielte Maßnahmen zum Einüben kooperativer Verhaltensweisen überwunden werden müssen. Große amerikanische Konzerne wissen das längst und haben keine Scheu, hier kräftig zu investieren. Man spricht nicht mehr von Abteilungen oder allgemein von Mitarbeitern, sondern von „Teams", und wird nicht müde, in Workshops, E-Learning-Pflichtkursen, Verhaltenskodizes und Wertekatalogen, Poster-Aktionen, Rundmails und schicken Mitarbeiterzeitungen an den Gemeinschaftsgeist und gemeinsame ethische Werte zu appellieren und für die Verantwortung füreinander zu werben. „Lebenslanges Lernen" ist zu einem Mantra geworden, das überall zu hören ist. Das ist gut, wenn dahinter kluge Planung und die entschlossene Bereitschaft der Führungsebene zum Kulturwandel stehen.

Wir sind mittlerweile „hypersoziale Wesen", die eine neue Führungskultur benötigen, welche das Zusammengehörigkeitsgefühl im Unternehmen fördert: Durch die Zusammenarbeit unterschiedlicher Partner und gemeinsame Wertschöpfung bildet sich ein „Ökosystem", das allerdings orchestriert werden muss (Leibrock 2018). Es ist nicht einfach, einer hierarchiegewohnten Belegschaft klarzumachen, dass Kooperation nicht Unterwerfung bedeutet, und dass Arbeitsteilung alle stärker macht, auch über das Unternehmen hinaus. Neue Ansätze im Projektmanagement unterstützen diesen Trend, übrigens auch durch eine neue Generation sehr flexibler Kollaborationssoftware. Leibrocks Fazit: „Offenheit, Aufgeschlossenheit, lernen wollen und interdisziplinäres Denken sind die Erfolgsfaktoren für die Zukunft" (Leibrock 2018).

Bezogen auf *Digitalisierungsinitiativen* ist darauf zu achten, dass kein Kompetenzgerangel entsteht, wenn z. B. eine Digitalisierungsabteilung oder zumindest die Position eines Chief Digital Officer geschaffen werden soll, denn die IT-Abteilung wird immer argwöhnisch auf solche potenziellen „Nebenbuhler" schielen. Es muss also von Anfang an auf enge Abstimmung und Zusammenarbeit der Beteiligten in einem abteilungsübergreifenden Team geachtet werden. Die gemeinsame Vision, der Mut zum Risiko und zum Lernen, das Vertrauen in den Teamgeist sind Voraussetzungen für die unersetzliche kreative Eigeninitiative. Das ist eine nicht zu unterschätzende Herausforderung.

Dass die heutigen Wettbewerbsbedingungen nach wendigen Arbeitsmethoden verlangen, gilt auch und besonders in den IT-Abteilungen, deren Schwerpunkt künftig immer stärker auf Flexibilität liegen wird statt auf der bloßen Gewährleistung reibungsloser Abläufe. Damit diese Transformation gelingt und Unternehmen „agil" werden können, ist eine veränderte Sicht auf Software, ihre Funktionalität und ihre Verwendungsweise erforderlich. Die Digitalisierung schafft Möglichkeiten, den Wandel zu agileren Arbeitsweisen und Management-Methoden zu vollziehen. Zugleich verlangt sie Innovationsbereitschaft und Experimentierfähigkeit.

Wenn also im Zusammenhang mit Digitalisierung von „Paradigmenwechsel", „Disruption" oder „disruptiven Innovationen" und „Agilität" die Rede ist, dann handelt es sich dabei nicht um bloße Plakatwörter der Marketing-Geeks. Allerdings muss man ganz genau hinschauen, wann man so arbeiten kann und wann nicht.

Bedenkt man diese Beobachtungen, könnte man leicht zu dem Schluss kommen, dass wir in Deutschland zwar sehr gute Verfahren, Methoden, Organisationen und Systeme entwickelt haben für die Herausforderungen des letzten Jahrhunderts (allem voran für die Herstellung von Autos), für Herausforderungen des aktuellen Jahrhunderts haben wir aber leider kein Rezept.

Persistente Überforderung
Nicht nur in der Wirtschaft, auch in der Bevölkerung insgesamt macht sich zunehmend das Gefühl breit, irgendwie auf schwankendem Boden zu stehen. Alte Gewissheiten schwinden, und die Geschwindigkeit der

Veränderungen, die neuen Szenarien – von Klimawandel bis Mikroplastik, von politischen Verwerfungen jenseits des Atlantik bis zur weltweiten Massenmigration, vom Brexit bis zu multiresistenten Krankheitserregern – sagen uns immer wieder und unüberhörbar: Nichts wird so weitergehen wie bisher. Die allgemeine Verunsicherung ist mit Händen zu greifen und äußert sich unter anderem im Aufkeimen extremistischer politischer Strömungen und dem Zerbröckeln der Volksparteien. In den USA, deren gesellschaftliche Entwicklung der europäischen meist um ein bis zwei Jahrzehnte vorauseilt, hat man schon in den 90er Jahren des letzten Jahrhunderts das griffige Akronym „VUCA" geprägt, das vier Kernaspekte dieses Unsicherheitsgefühls zusammenfasst: Volatility („Flüchtigkeit"), Uncertainty („Unsicherheit"), Complexity und Ambiguity („Mehrdeutigkeit"). Ursprünglich auf die Führung militärischer Organisationen bezogen, hat das Akronym rasch in der Wirtschaft Fuß gefasst, denn es drückt in treffender Weise aus, was wir heute empfinden: Wir leben in einer *„VUCA" Welt,* die gekennzeichnet ist durch eine zunehmende Komplexität. Diese macht die Definition von Zielen immer schwieriger. Dass diese vier Herausforderungen real sind, weiß jeder Firmenchef aus eigener Erfahrung. „VUCA" ist also kein neues „Buzzword" für Angeber, sondern ein kurzer Ausdruck für eine sehr reale Situation. Sehen wir uns die vier Begriffe etwas genauer an, und überlegen wir einmal, wie diesen Herausforderungen am besten begegnet werden sollte:

Volatility oder zu deutsch „Flüchtigkeit" oder Unbeständigkeit, wird heute weithin beklagt: Brexit, autokratische Führer in wichtigen Produktions- und Absatzländern, Handelskriege, unabsehbare Entwicklungen, Klimawandel. Konventionelle, langfristige Planungsstrategien taugen nicht mehr. Die Weltwirtschaft schlägt Purzelbäume. Stattdessen sind Wendigkeit, Einfallsreichtum und ein Instinkt für neue Chancen gefragt. Im vermeintlichen Chaos öffnen sich immer wieder neue Wege und Möglichkeiten. Wer schnell reagieren kann und vor unkonventionellen Optionen nicht zurückschreckt, gehört zu den Gewinnern.

Uncertainty oder Ungewissheit ist jedem Unternehmer verhasst. Worauf soll man noch planen? Batterien oder Brennstoffzellen? Wasserstoff oder Methanol? Welche Weichenstellung wird die nächste Regierung für die Umwelt vornehmen, was wird verboten? Statt Millioneninvestitionen in Anlagen oder Software, die in zwei Jahren schon nicht mehr aktuell sein können, ist der „as a Service"-Ansatz sinnvoller. Kann sich ein junger Mensch heute noch auf einen für drei oder vier Jahrzehnte vorgezeichneten Karriereweg festlegen? Wohl kaum. Ähnlich verhält es sich mit Unternehmen: Kurzfristigere Planung und das Einkalkulieren möglicher radikaler Spurwechsel sind unabdingbar. Vielseitige Fähigkeiten und Qualifikationen sind gefragt, auch in der Arbeitswelt: Die Digitalisierung wird gering qualifizierte Arbeitsplätze vernichten – und höher qualifizierte schaffen.

Complexity oder Komplexität: Hiervon kann jeder ein Lied singen. Nicht nur muss sich der Mensch im Allgemeinen und der Unternehmer im Besonderen im 21. Jahrhundert in einer äußerst komplexen Welt zurechtfinden, in der eine wachsende Anzahl einander beeinflussender Faktoren zu berücksichtigen ist, sondern diese Welt verändert sich auch ständig mit hohem Tempo und schafft immer wieder neue Bedingungen und Faktoren. Entscheidungsmuster müssen ständig neu überdacht, Zuständigkeiten neu geordnet werden, und Teamarbeit ist wichtiger denn je, um die Verhältnisse überblicken und alle Perspektiven berücksichtigen zu können. Ashby's Gesetz besagt, dass die Varietät eines Steuerungssystems mindestens ebenso groß sein muss wie die Varietät der auftretenden Störungen, damit es die Steuerung ausführen kann (vgl. Ashby 1956). Das bedeutet, dass Menschen eine höhere Varietät an Handlungsmöglichkeiten entwickeln müssen, um in der VUCA-Welt klarzukommen.

Ambiguity oder Mehrdeutigkeit: In der modernen komplexen Welt wird es immer schwieriger, gegebene Sachverhalte klar zu verstehen bzw. zu interpretieren. Zwar ist Eindeutigkeit im menschlichen Umfeld kaum je gegeben, aber seit den Zeiten des Wirtschaftswunders ist die Bestimmung von „Fakten" noch nie so diffizil gewesen. Daran scheitern z. B. die Volksparteien. Ist Globalisierung nun ein Vorteil oder nicht? Ist die „verlängerte Werkbank" eine Illusion, und werden sich die Jahre der Produktionsverlagerung in Billiglohnländer rächen? Wo die Wirklichkeit gegensätzliche Folgerungen zulässt, müssen Entscheidungen so gefällt werden, dass ein Umschwenken jederzeit möglich ist.

Die hier angesprochene Überforderung ist auch im Umgang mit der Informationstechnologie anzutreffen, vor allem dann, wenn unterschiedliche Betrachtungsweisen des Themas „Digitalisierung" aufeinandertreffen. Jeder, der sich schon einmal mit einem „ITler" unterhalten hat, weiß, dass es hier unweigerlich zu Problemen kommt – dass IT-bezogene Diskussionen immer sehr schnell in technische Tiefen abtauchen. „Normale" Menschen sind da überfordert. Besonders eklatant ist die fehlende digitale Kompetenz in den Chefetagen. So sind, laut einer Studie, beispielsweise nur in acht Prozent der Biografien von Geschäftsführern der 80 größten mittelständischen Unternehmen Hinweise auf Digitalerfahrung zu erkennen (Kawohl und Wieland 2019). Überdies sind die Manager überwiegend über 50 Jahre alt, wurden also in einer Zeit ausgebildet und geprägt, in der die Nutzung der Informationstechnologie noch auf wenige Spezialbereiche beschränkt war. Natürlich haben diese Führungskräfte mit der Technologieentwicklung irgendwie Schritt gehalten und können mit Computern und Software umgehen; aber wer heute zwischen zwanzig und dreißig Jahre alt ist, verfügt über einen völlig anderen Zugang zu den digitalen Entwicklungen der letzten Jahre und wendet sie bereitwilliger, schneller und zielsicherer an.

Aber nicht nur in den Chefetagen mangelt es oftmals am Knowhow, auch „gewöhnliche" Mitarbeiter mit *digitaler Kompetenz* sind in deutschen Großunternehmen Mangelware. Dies sei ein Haupthindernis für den digitalen Wandel. Die Chefs verlieren der Studie zufolge zunehmend an Vertrauen zu ihren Mitarbeitern. Schulungen seien nicht nachhaltig, weil der zugehörige Kulturwandel nicht stattfinde. Vielfach kommen Digitalisierungsinitiativen somit zum Erliegen. Dabei verkennen die Unternehmensführungen die Gefahr, die internationale Spitzenposition ihrer Unternehmen zu verlieren. Selbst in IT-Abteilungen sind fachliche Qualifikationen für Themen wie Datenanalyse und Daten-Modellierung oft nicht ausreichend vorhanden (vgl. Pütter 2019). Gerade für die Datenanalyse, heute eine der wichtigsten digitalen Disziplinen, bedeutet dies einen schwerwiegenden Mangel an der Kompetenz, große Datenbestände in entscheidungsrelevantes Wissen ummünzen zu können.

Die Generation der Millennials, die mit Computern, Smartphones und Internet aufgewachsen sind, hat dem gegenüber keinen Heimvorteil: Zwar ist der Gebrauch digitaler Technologie für diese jungen Menschen viel selbstverständlicher, und sie können sich viel schneller helfen, wenn es um das Erlernen von Funktionalitäten und das Auffinden von Informationen geht. Allerdings fehlt auch hier oftmals der Horizont für die Technologie, die sich hinter all den pfiffigen Apps und Social Media verbirgt – und für die damit verbundenen Gefahren.

Technische Verwirrung
Das Problem der Digitalisierung scheint im Kern ein riesengroßes Missverständnis – im Wortsinne – zu sein. Da befinden sich auf der einen Seite in den Unternehmen die Entscheider, die Leute mit dem Geld für Investitionen. Auf der anderen Seite stehen die ‚Techies' – die Leute mit den Ideen und der Technologiekenntnis.

Die IT ist ein Gebiet für *Spezialisten,* die sich selten für das Geschäftliche interessieren. Insofern ist die Kommunikation zwischen den technischen Experten in der IT und den Business-Strategen von vorne herein ein Minenfeld. Um eine Verständigung zu ermöglichen, muss erst einmal klar sein, wer Digitalisierungsinitiativen initiiert und warum.

Es geht bei Digitalisierung nicht um die Einführung verbesserter Technik, sondern um die Suche nach digital realisierbaren Möglichkeiten, Geschäftsprozesse und Geschäftsmodelle zu optimieren oder neu zu definieren. Die Business-Entscheider, die Investitionen veranlassen, müssen sagen, was sie wollen, und die IT-Fachleute müssen herausfinden, wie man das am besten umsetzt. Dieser Prozess setzt ein *grundsätzliches Verständigungsmodell,* eine gemeinsame Sprache voraus. Eine Sprache, die dem Business-Manager das IT-Fachchinesisch erspart und dem IT-Mann klarmacht, was genau die Business-Seite will, um eine gegenseitige Überforderung zu vermeiden. Ein solches „Verständigungsmodell" müsste Strukturen und Abhängigkeiten offenlegen und im Laufe des Verständigungsprozesses immer weiter wachsen.

Wenn die obige Beobachtung stimmt, dann liegt hierin auch die Erklärung für das Scheitern zahlreicher Digitalisierungsinitiativen. Es ist ähnlich wie beim Turmbau zu Babel: Wenn viele Leute an einem

Projekt arbeiten und alle das gleiche Ziel verfolgen, aber unterschiedliche Sprachen sprechen, kann das Ganze nur schiefgehen:

> Damals sprachen die Menschen noch eine einzige Sprache, die allen gemeinsam war. Als sie von Osten weiterzogen, fanden sie eine Talebene im Land Schinar. Dort ließen sie sich nieder und fassten einen Entschluss. »Los, wir formen und brennen Ziegelsteine!«, riefen sie einander zu. Die Ziegel wollten sie als Bausteine benutzen und Teer als Mörtel. »Auf! Jetzt bauen wir uns eine Stadt mit einem Turm, dessen Spitze bis zum Himmel reicht!«, schrien sie. »Das macht uns berühmt. Wir werden nicht über die ganze Erde zerstreut, sondern der Turm hält uns zusammen!« Da kam der Herr vom Himmel herab, um sich die Stadt und das Bauwerk anzusehen, das sich die Menschen errichteten. Er sagte: »Seht nur! Sie sind ein einziges Volk mit einer gemeinsamen Sprache. Was sie gerade tun, ist erst der Anfang, denn durch ihren vereinten Willen wird ihnen von jetzt an jedes Vorhaben gelingen! Soweit darf es nicht kommen! Wir werden hinuntersteigen und dafür sorgen, dass sie alle in verschiedenen Sprachen reden. Dann wird keiner mehr den anderen verstehen!« So zerstreute der Herr die Menschen von diesem Ort über die ganze Erde; den Bau der Stadt mussten sie abbrechen. Darum wird die Stadt Babylon (»Verwirrung«) genannt, weil der Herr dort die Sprache der Menschheit verwirrte und sie in alle Himmelsrichtungen zerstreute. (1. Buch Mose 11:1–9)

Dieser Mythos beinhaltet – wie viele andere – in verschlüsselter Form ein hohes Maß an Menschenkenntnis und beschreibt im Grunde eine Rückwärtsentwicklung der Zivilisation, die damit beginnt, dass sich die Menschen besinnungslos in ein Projekt verrennen. Manchmal erinnern heutige Diskussionen in Unternehmen tatsächlich an genau diese alte Geschichte. Im Folgenden finden sich ein paar generische Ansatzpunkte, wie ein Unternehmen den o. a. Herausforderungen begegnen könnte.

1.3 Ansatzpunkte zur Lösung der Probleme

Aus den vorgenannten Herausforderungen kann ganz grob das in Abb. 1.2 dargestellte Vorgehensmodell herangezogen werden.

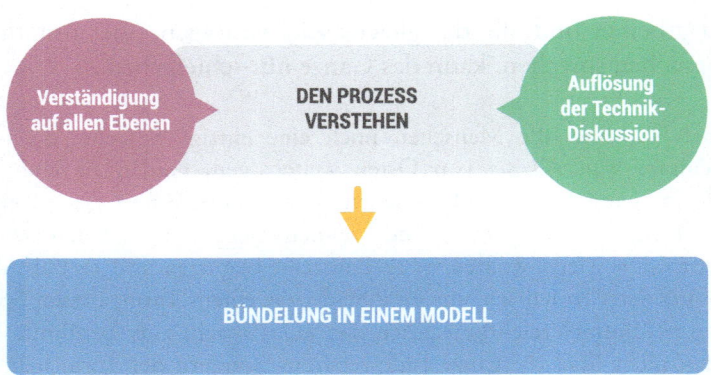

Abb. 1.2 Ansatzpunkte zur Lösung. (Eigene Darstellung)

Man kann den *dahinterliegenden Prozess* eben nur verstehen, wenn man es schafft, auf allen Ebenen die gleiche Sprache zu sprechen. Das geht am besten, wenn man es schafft, zunächst mal einen Schritt zurück zu machen und die Technik-Diskussion aufzulösen. Sieht man nämlich in der Praxis oft „den Wald vor lauter Bäumen nicht" dann kommt es auch öfters zu Diskussion, die von gefährlichem Halbwissen geprägt sind. An dieser Stelle ist natürlich auch klar, dass eine solch oberflächliche Betrachtung bei weitem zu abstrakt ist, um es sinnvoll in der unternehmerischen Praxis anwenden zu können. Hier soll zunächst auch nur ein generelles Verständnis über die Zusammenhänge der im folgenden beschriebenen Handlungsfelder aufgezeigt werden.

Verständigung auf allen Ebenen
Es mangelt also an konkreten Vorstellungen über Bedeutung und Tragweite des Begriffs „Digitalisierung"; und noch viel größer ist der Mangel an einfachen, klar verständlichen Rezepten und Leitfäden, die aus dem Mythos ,Digitalisierung' eine konkrete, praktische und nützliche Sache machen.

In diesem Buch wird ein Modell vorgestellt, das bei beidem helfen möchte – bei der Bewältigung der Unklarheiten, die dem Begriff „Digitalisierung" anhaften, und bei der Überwindung des Mangels an konkreten Handlungskonzepten. Es möchte die Chancen und Möglichkeiten der Digitalisierung aus Business-Perspektive ausloten und zeigen, wie man eine Verständigungsgrundlage schafft, damit alle Beteiligten im Unternehmen wissen, wovon die Rede ist. Diese Verständigungsgrundlage heißt „*Digital Navigator*".

Wie jeder Unternehmer weiß, ist eine Verfahrensänderung oder Innovation nur sinnvoll, wenn sie etwas verbessert und einen konkreten Nutzen mit sich bringt, d. h. eine nachweisbare oder zumindest nachvollziehbare Investitionsrendite. Das bedeutet: Digitalisierung ist immer an einen konkreten Anwendungsfall gebunden. Nur zu „digitalisieren", weil es alle tun oder der oder die Digitalisierungbeauftragte meint, es sei nötig, ist Unsinn. Digitalisierung muss die gegebenen unternehmerischen Ziele unterstützen oder zumindest Erkenntnisse liefern, die zu einer Ergänzung oder Änderung dieser Ziele führen.

Deshalb muss alles, was mit Digitalisierung zu tun hat, vornehmlich von der Business-Seite her betrachtet werden. Das *Geschäftsmodell* muss von Minute 1 der Ideenentwicklung im Hinterkopf sein. Nur so gelingt es, dass man nicht auf der Ebene vereinzelter technischer Updates oder bei der Anschaffung neuartiger Systeme stecken bleibt, sondern das ganze Potenzial, das uns die fantastischen neuen Technologien bieten, wirklich ausspielen kann. Außerdem muss man von der Ganzheit des jeweiligen individuellen Unternehmens ausgehen. Das gesamte Unternehmen muss zunächst in groben Zügen in einer übersichtlichen Form abgebildet werden. Das bedeutet: Man baut sich ein schematisches Modell des Unternehmens als Ausgangsbasis für alle weiteren Maßnahmen.

Dazu muss man sich zunächst mit dem Wesen der Digitalisierung auseinandersetzen.

Auflösung der Technik-Diskussion
Es dürfte an diesem Punkt klar sein, dass sich die digitale Transformation nicht auf eine Technologie-Diskussion reduzieren lässt. Gedanklich beginnt der hier vorgeschlagene Prozess mit einer möglichst simplen und klaren Abbildung des Bestehenden als Ausgangsbasis für Veränderungen. In der Praxis hat sich der Aufbau von individuellen und möglichst einfachen Business Tools bewährt. Je einfacher die Tools strukturiert sind, desto besser lassen sich diese in der Organisation

kommunizieren. Die Kommunikation in einfacher und verständlicher Weise hat wiederum großen Einfluss auf die erfolgreiche Umsetzung der Themen. Wenn die berühmte „Digitale Agenda" dagegen aus einer sehr langen – aber unstrukturierten und unverständlichen – Liste von Projekten besteht, dann ist ein Scheitern der Digitalen Transformation vorprogrammiert. Leider ist das sehr oft der Fall.

Andererseits herrscht in der Regel kein Mangel an guten Ideen – problematisch ist vielmehr häufig die fehlende Struktur. Dies führt dann zu einer unklaren und intransparenten Kommunikation der Digital-Strategie und oftmals zu einer Einseitigkeit der Themenfelder (man tut nur das, bei dem man sich sicher fühlt). Zudem werden häufig die falschen Methoden und Vorgehensweisen bei der Implementierung gewählt. Hier wird dann mit gesundem Halbwissen von Disruption, dem Silicon Valley, notwendiger Agilität und Konzepten wie Scrum, Design Thinking oder dem Lean-Startup-Ansatz gesprochen. Natürlich sind diese Ansätze im richtigen Umfeld sehr sinnvoll, das steht außer Frage, allerdings können sie auch sehr schnell kontraproduktiv wirken, vor allem dann, wenn sie schlichtweg nicht zur Problemstellung passen.

Werkzeuge kommen dann zum Einsatz, wenn entsprechende Arbeiten auszuführen sind. Dem entsprechend entsteht die Frage nach einer geeigneten Methode oder einem digitalen Hilfsmittel erst, wenn feststeht, *was* zu tun ist. Und was zu tun ist ergibt sich, wenn ausgehend von einem festgestellten Mangel oder Bedarf ein konkretes Ziel definiert worden ist. Das „Was" (Was wollen wir erreichen?) führt zum „Wie" und letztlich zum „Womit".

Den Prozess verstehen
Am Anfang steht der Wunsch des Managements nach einem effektiveren und effizienteren Betrieb. Die Frage lautet: Was würden wir grundsätzlich gerne tun können? Dabei werden zunächst die vorhandenen Prozesse bewusst ignoriert. Ausgehend von der Antwort oder den Antworten formuliert man dann eine Idealvorstellung zur Realisierung der „Vision"; erst dann kommt die Frage nach der technischen Umsetzung.

Die Ausgangsfrage geht nicht selten von ausdrücklich geäußerten Kundenwünschen aus. Das ist guter „common sense", denn das Kunden-Feedback gibt ja Hinweise auf Markterwartungen. Es gibt aber auch ganz andere Gesichtspunkte, etwa die Finanzierung großer Investitionen in Anlagen. Hier bieten Maschinenhersteller heute neue Modelle der Zusammenarbeit, z. B. indem Maschinen nicht mehr gekauft, sondern geleast werden und die Wartung durch direkte elektronische Interaktion zwischen Maschine und Hersteller und zustandsorientierte Instandhaltung völlig in den Händen des Herstellers liegt.

Es gilt also, den dringendsten Handlungsbedarf zu ermitteln und darauf aufbauend einen Weg zum Umbau des Unternehmens vorzuzeichnen. Wer aber Wege in solch unerforschtem Terrain beschreiten will, tut gut daran, sich nach einer guten Landkarte umzutun: ein Vorgehensmodell wird gebraucht.

Bündelung in einem Modell
Ein Modell bildet einen *komplexen Sachverhalt* übersichtlich ab, sodass er leichter verständlich wird. Es spiegelt die gelebte Realität wider, damit man einfacher feststellen kann, wo man Veränderungen vornehmen sollte, und wie sich diese auf das Gesamtbild auswirken würden. Ein Modell vereinfacht den Reflexionsprozess und dient als gemeinsame Diskussionsbasis, damit alle Beteiligten von den gleichen Voraussetzungen ausgehen, eine gemeinsame Sprache definieren und diese zur eindeutigen Verständigung nutzen können.

An praktikablen, gut verständlichen und umsetzbaren Modellen herrscht bei aller Betriebsamkeit im Digitalisierungstheater jedoch Mangelware. Wenn es konkret wird, verstummen die vielen Ratgeber und Alleswisser, oder sie konfrontieren ihre Kunden mit übertrieben komplexen Flowcharts und Zeitvorgaben, deren bloßer Anblick das Herz jedes Transformationswilligen zwei Stockwerke tiefer sinken lässt.

Aber es geht auch einfacher, wenn man sich auf die ganz essenziellen Strukturen besinnt, die jedem Unternehmen zugrunde liegen, und zunächst einmal ein Grundschema skizziert, das jeder versteht und nachvollziehen kann. Füllt man dieses Raster dann mit den Begriffen, die dem eigenen Unternehmen entsprechen, lichtet sich der Nebel alsbald, und man kann anfangen, strategisch nach vorne zu schauen und das gemeinsame Modell auszubauen. Das soll auf den nächsten Seiten näher erläutert werden.

1.4 Fazit zu Kap. 1

Es galt schon immer, dass Unternehmen innovativ sein müssen, um langfristig überleben zu können. Genau darum geht es auch bei der Digitalisierung. Digital-Technologie bildet heute in den meisten Fällen die Grundlage von Innovation. Die Digitalisierung ist kein Trend, sondern als fundamentaler Wandlungsprozess der Wirtschaft bereits in vollem Gang. Daher ist es auch absolut notwendig, dass sich Unternehmen bzw. Unternehmer damit auseinandersetzen – am besten systematisch und schrittweise.

Wie immer, wenn es um Technologie geht, so wird auch die Diskussion bezogen auf IT sehr schnell sehr komplex, dies ist in einer informationsüberfluteten Welt ein echtes Problem. Gerade die Entscheider – die naturgemäß sehr viel Themen um die Ohren haben – schalten dann oft ab, und es kommt zu Verständigungsschwierigkeiten. Ziel sollte es daher sein, die Ziele und Aktivitäten einer (Digitalsierungs-)Strategie in einem einfachen, *zweckmäßigen Modell* zu bündeln, sodass zielgerichtet und systematisch vorgegangen werden kann.

Bevor man dies tun kann, ist es zunächst ratsam, das Problem genau zu untersuchen. Nur wer das Wesen der Digitalisierung versteht, kann letztendlich auch sinnvolle und gewinnbringende Strategien entwickeln.

Literatur

Ashby, W. R. (1956). *An introduction to cybernetics*. New York: Wiley.

Christensen, C. M. (2015). *The innovator's dilemma – When new technologies cause great firms to fail* (Reprint). Watertown: Harvard Business Review Press.

Kawohl, J., & Wieland, J. (2019). Unternehmergeist und Digitalkompetenz im Mittelstand – Verfügen deutsche Geschäftsführer über die Zukunftsfähigkeiten, welche die digitale Transformation erfordert? www.juliankawohl.de/aktuelles. Zugegriffen: 16. Juli 2019.

Leibrock, E. (10. April 2018). Um die Digitalisierung zu meistern, müssen wir kooperieren. Bilanz, das deutsche Wirtschaftsmagazin. https://www.welt.de/wirtschaft/bilanz/article181760962/Technologie-Management-Kooperieren-oder-verlieren.html. Zugegriffen: 26. Nov. 2019.

O'Reilly, C. A. I., & Tushman, M. L. (2004). The ambidextrous organization. *Harvard Business Review, 82*(4), 74–81.
Palka, A. (26. April 2018). Digitalisierung gefährdet Millionen von Jobs – welche besonders betroffen sind. https://www.handelsblatt.com/unternehmen/management/digitaletransformation/oecd-studie-zur-zukunft-des-arbeitsmarktes-digitalisierung-gefaehrdet-millionen-von-jobs-welche-besonders-betroffen-sind/21217278.html. Zugegriffen: 26. Nov. 2019.
Pütter, C. (5. Juni 2019). Mehr Geld für „Build", weniger für „Run". CIO. de. https://www.cio.de/a/mehr-geld-fuer-build-weniger-fuer-run,3601475. Zugegriffen: 13. Apr. 2019.
Ries, E. (2011). *The lean startup: How constant innovation creates radically successful businesses.* London: Portfolio Penguin.

2

Digitalisierung verstehen

Sollen sich auch alle schämen, die gedankenlos sich der Wunder der Wissenschaft und Technik bedienen und nicht mehr davon geistig erfasst haben als die Kuh von der Botanik der Pflanzen, die sie mit Wohlbehagen frisst.

Albert Einstein (Bruch 1979)

Nachdem sich Kap. 1 zunächst mit der aktuellen Lage und allgemeinen Herausforderungen der Digitalisierung auseinandergesetzt hat, soll in diesem Kapitel ein Vorschlag gemacht werden, wie man die Digitalisierung letztendlich in ihrer Gesamtheit verstehen kann. Da stellt sich natürlich zunächst die Frage: um *was* geht es eigentlich bei der Digitalisierung? Man könnte sagen, in erster Linie geht es um die *gewinnbringende Nutzung moderner Informations- und Kommunikationstechnologie* – allem voran des Internets. Jedoch geht es auch um eine digitale Transformation, also den dahinter liegenden Wandel in der Gesellschaft, in den Unternehmen, und für jeden einzelnen. Diese Transformation vollzieht sich in den im jeweiligen Zusammenhang erfolgversprechenden Arbeitsweisen und Unternehmenskulturen. Es geht also auch, wie bereits angedeutet, um einen Kulturwandel. Dieses Kapitel widmet sich der Erklärung bzw. Abgrenzung dieser einzelnen

Themen und macht letztlich klar, dass die Digitalisierung – bei allen verschiedenen Definitionen, die heute im Raum stehen – nicht ausschließlich eine technologische Herausforderung darstellt.

2.1 Bedeutung der Digitalisierung

Die Digitalisierung ist eine *der* großen Herausforderungen des 21. Jahrhunderts für Unternehmen jeder Branche und überall auf der Welt. Gleichzeitig ist sie auch eine große Chance zu einem Neubeginn, der viele neue Möglichkeiten eröffnet. Dementsprechend kann und wird „Digitalisierung" und „digitale Transformation" mit sehr vielen unterschiedlichen Zielsetzungen verbunden, wie in Abb. 2.1 angedeutet.

Diese unzähligen Zielsetzungen können sehr verwirrend sein. Dabei sollte vor allem auch klar sein, dass die Digitalisierung unter keinen Umständen zum Selbstzweck werden darf. Wie jede technische Innovationswelle birgt sie Chancen und Risiken und erfordert Sachkenntnis, Pragmatismus und Mut zum Umdenken.

Abb. 2.1 „Digitalisierung" kann vieles bedeuten. (Quelle: shutterstock)

2 Digitalisierung verstehen

Aus den Betrachtungen im ersten Kapitel lässt sich ableiten: Digitalisierung bedeutet, den Wandel im Handel zu begreifen, veränderte Kundenerwartungen zu verstehen, aufmerksam auf neue Signale im Markt zu achten und mehr denn je mitzuverfolgen, was berichtet, geschrieben, gesagt wird. Nicht jede Neuerung ist so revolutionär, wie sie klingt, aber die enorm gesteigerte Geschwindigkeit der Technologieentwicklung und des Wandels im Wirtschaftsgeschehen zwingt zu erhöhter Aufmerksamkeit. Alte Gewissheiten werden laufend infrage gestellt – man muss dem Geschehen vorgreifen, indem man sich unermüdlich informiert und alle Antennen ausfährt, um nichts zu verpassen. Zugleich heißt es, bei all den Informationen die Spreu vom Weizen trennen zu lernen.

Wer einen „Riecher" für neue Chancen und Mut fürs Risiko hat, ist im Vorteil. Flexibilität ist Trumpf. Das soll nicht bedeuten, dass man etwas, was (noch) funktioniert, leichtsinnig aufs Spiel setzen sollte; aber einen „Tummelplatz" für neue Ideen und junge Talente sollte jeder Unternehmer bereitstellen, der den Anschluss nicht verpassen will. Schon allein das ist für viele ungewohnt. Konflikten mit neuen Ideen und Nachwuchskräften darf man sich nicht entziehen – wer heute bewusst eine konstruktive Diskussionskultur schafft, fördert das Lernen bei Mitarbeitern aller Generationen und ebnet dem notwendigen Kulturwandel die Bahn. Das kann und muss das Management steuern und unterstützen. Digitalisierung geht einher mit einer lebendigen, neugierigen Unternehmenskultur.

Digitalisierung bedeutet *Aufbruch als Dauerzustand*. Es bedeutet, dass nichts so bleiben muss, wie es jetzt ist. Digitalisierung zwingt dazu, ständig an Alternativen zu denken, neue Möglichkeiten in Erwägung zu ziehen, Bewährtes anzuzweifeln, immer mit Überraschungen zu rechnen. Digitalisierung erfordert ein dynamisches Management, das das „solide" Fundament des Bewährten durch das fundamentale Konzept des permanenten Wandels ersetzt. Genauer gesagt: das Konzept permanenter Wandlungsbereitschaft aller Teile eines Unternehmens – und jedes einzelnen Mitarbeiters.

2.2 Digitalisierung und digitale Transformation

Oft werden die Begriffe „Digitalisierung" und „digitale Transformation" wie Synonyme verwendet. Das ist jedoch nicht ganz korrekt. Wichtig ist die Unterscheidung, weil es sich hier um grundlegend unterschiedliche Vorgehensweisen handelt (vgl. Staudt 2019).

In vielen Betrieben herrscht die Begriffsverwirrung weiter vor: Man glaubt, sich digital zu transformieren, beschränkt sich aber in Wahrheit auf die digitale Abbildung bereits bestehender Prozesse. Eine Prozessautomatisierung an sich ist aber bei weitem kein digitaler Wandel – denn digitaler Wandel hat fundamentale Konsequenzen für die Unternehmensstrategie. Eine wirkliche digitale Transformation geht von strategischen Überlegungen aus bzw. wird durch diese überhaupt erst initiiert.

Das bedeutet nicht, dass Digitalisierung im Sinne von Prozessautomatisierung etwas Minderwertiges ist. Aber Automatisierung mit Hilfe von Software gibt es schon seit Jahrzehnten; vorhandene Prozesse zu „digitalisieren" verlangt kein wesentliches Umdenken, schon gar nicht auf Management-Ebene. Es verändert lediglich den Alltag der beteiligten Mitarbeiter und spart durch Automatisierung in der Regel Ressourcen ein. Wenn jedoch in den letzten Jahren in der Politik, in der Forschung und bei Industrieveranstaltungen häufig von „Digitalisierung" gesprochen wird, wenn es mittlerweile sogar Digitalisierungsministerien gibt, ist eher vom zweiten Begriff die Rede: der digitalen Transformation.

Mit der *„Digitalen Transformation"* ist keine neue Mode gemeint, sondern die Notwendigkeit, unternehmerisches Denken und Handeln unter den Aspekten moderner Arbeitsmethoden und neuer technischer Möglichkeiten einer kritischen Gesamtprüfung zu unterziehen, weil herkömmliche Ansätze aufgrund der Globalisierung und einer veränderten Marktdynamik nicht mehr in die Zukunft fortgeschrieben werden können. Angetrieben wird diese neue Dynamik durch den Vormarsch der Software und des Internets in alle Industriezweige und Lebensbereiche. Mechanische bzw. analoge Vorgänge sind in den letzten Jahren mit zunehmender Geschwindigkeit durch digitale Prozesse ersetzt worden.

Bereits 2011 beschrieb schrieb Marc Andreessen, Chef des Risikokapitalunternehmens Andreessen-Horowitz, in seinem Aufsatz im Wall Street Journal „Why Software Is Eating The World" den Umzug der Technologiewelt ins Internet: „Die gesamte für die Transformation ganzer Branchen durch Software erforderliche Technologie ist endlich funktionsfähig und kann auf breiter Basis global bereitgestellt werden" (Andresseen 2011). Das ist fast 10 Jahre her. Ob Unterhaltungsmedien, Landwirtschaft oder Verteidigung, überall nutzt man Software und Online-Dienste. Wer Handel treibt, Dienstleistungen anbietet oder Menschen miteinander koordinieren möchte, geht ins Internet oder wertet seine Produkte durch Software auf. Filme und Musikaufnahmen bezieht man online, Autos sind mit Computern gespickt, man kauft online ein, usw.

Jeder hat ein Smartphone, mit dem er nicht nur telefoniert, sondern einkauft und bezahlt, Fotos macht, mit Freunden und Verwandten Kurznachrichten austauscht, sich den Weg zeigen lässt usw. Wer rechtzeitig aufgesprungen ist, hat einen Vorteil; wer die Chancen verkannt hat, verliert. Das ist digitale Transformation, und diese erfordert fundamentales Umdenken. Genau das ist es, was so viel Unsicherheit und Ratlosigkeit verursacht: Weil es moderne Technologien gibt, die völlig neue Möglichkeiten erschließen, müssen die ausgetretenen Management-Pfade überdacht werden, denn vieles, was man früher aus Gründen des Aufwands nicht einmal im Traum erwogen hätte, lässt sich heute mit erstaunlich geringen Mitteln realisieren. Aber nur, wenn man mit diesen Mitteln hinreichend vertraut ist. Für alle anderen klingt es unseriös, wenn einzelne Personen via Instagram ein *Milliarden-Business* aufbauen bzw. zur Online Marke avancieren.

Zugleich hat die digitale Revolution, initialisiert durch die leistungsfähigsten Großkonzerne, eine neue Konkurrenzsituation geschaffen, in der rasches und entschlossenes Handeln überlebenswichtig ist. In der aktuellen Literatur zum Themenkomplex gibt es eine Vielzahl von Fünfpunkteplänen und ähnlichen Schemata zur groben Ablaufplanung für veränderungswillige Unternehmen. Auch könnte man die „Klassiker" des Change- und Transformationsmanagement wie Kotter's Acht-Schritte-Modell (Kotter 1995) und Lewin's Drei-Phasen-Modell (Lewin 1947) zurate ziehen. Diese sollen hier bewusst nicht im Einzelnen wiedergegeben werden, da sie eher für den zweiten Teil des Buchs relevant sind. Jedoch ist die Quintessenz dieser Vorgehensmuster, die sich etwa in 4 Phasen zusammenfassen lässt, wichtig (vgl. Abb. 2.2).

Im Endeffekt läuft es darauf hinaus, dass man sich immer wieder die Frage stellen muss: Alles schön und gut – aber wie setze ich das um? Welche Kriterien wende ich z. B. zur Analyse der Wertschöpfungskette an, woher beziehe ich „Best Practices", usw. – darauf arbeiten die Phasen letztlich hin.

Erkenntnisphase – zunächst geht es um *Bewusstwerdung und Bewusstseinsbildung:* von der Gesamtführungsebene aus bis in alle Hierarchieebenen des Unternehmens hinab wird eine Bestandsaufnahme der bestehenden Aktivitäten, Prozesse und Strukturen durchgeführt. Wie machen wir was? Wie funktionieren wir? Welche Abhängigkeiten bestehen zwischen Fachbereichen und Abteilungen? Zugleich sind alle Mitarbeiter aufgefordert, Knackpunkte und Unzufriedenheiten zu ermitteln, Optimierungsbedarf aufzudecken, Effizienzmängel zu dokumentieren.

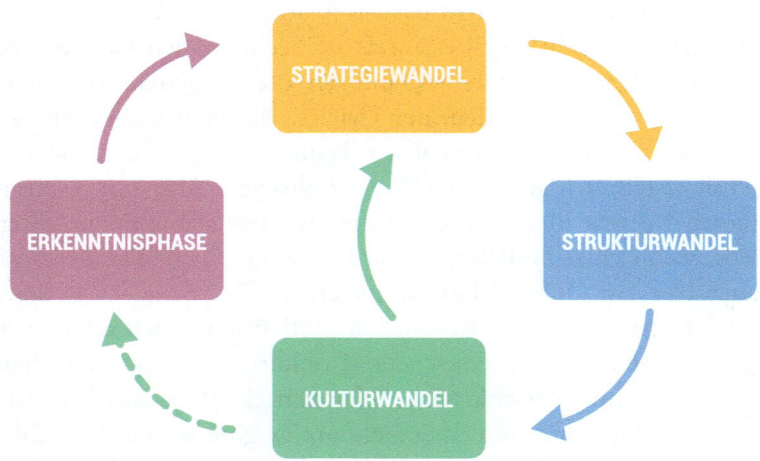

Abb. 2.2 Phasen des Digitalen Wandels/der Digitalen Transformation. (Eigene Darstellung)

Dadurch kann die *Einbindung aller Mitarbeiter* in diesen Prozess erreicht werden. Diese ist essenziell wichtig – erstens wissen nur die Mitarbeiter, was wirklich läuft, und zweitens sollen sie von vorne herein daran gewöhnt werden, künftig stärker in die Denkvorgänge des Unternehmens einbezogen zu sein. Im Mittelpunkt des Interesses steht in dieser Phase nicht nur die genaue Beschreibung des Status quo, sondern auch das systematische Hinterfragen des Gewohnten. Dieser „methodische Zweifel", frei nach Descartes, soll zu einem wesentlichen Bestandteil der künftigen Unternehmensstrategie und -kultur werden. Nur wer zweifelt, entdeckt die Wahrheit! Auf der Führungsebene steht nichts Geringeres als das Geschäftsmodell selbst auf dem Prüfstand: Was sagt uns der Markt? Wo bröckelt Kundschaft ab? Wo verlieren wir Marktanteile? Was macht die Konkurrenz? Welche neuen Trends zeichnen sich ab? Wie rücken wir noch näher an die Kunden heran und verbessern die Kommunikation und Interaktion mit ihnen? Diese und viele weitere Fragen muss man sich immer wieder stellen, um sich selbst herauszufordern.

Alles, was in diesem neuen, umfassenden und von nun an ständig weiterlaufenden Selbstanalyseprozess an Erkenntnissen zusammengetragen wird, muss geordnet und sinnvoll strukturiert werden, sodass man daraus Handlungsziele und Handlungsanweisungen folgern kann.

Strategiewandel – die in der Erkenntnisphase gewonnenen Erkenntnisse sollten nicht nur einzelne, punktuelle Maßnahmen veranlassen, sondern zum *Überdenken des gesamten Geschäftskonzepts oder „Geschäftsmodells"* motivieren: Ist das, was wir tun und wie wir es tun, noch wirklich marktgerecht und zukunftsfähig? Wo stoßen wir an Grenzen, die ein grundsätzliches Umdenken erfordern? Inwieweit kann und soll die Interaktion mit Kunden und Lieferanten auf modernere Kommunikationswege verlagert werden (Prinzip „One Face to the Customer" – der Kunde wird in jedem Kommunikationskanal sofort wiedererkannt)? Wie können wir Kunden/Lieferanten die Zusammenarbeit mit uns leichter machen? Wie die Auswahl oder Konfiguration unserer Produkte und Dienstleistungen online verbessern? Wie die Beratung optimieren? Was bedeutet das für die künftige Ausrichtung unserer Schwerpunkte? Welche neuen Angebote sollten wir schaffen, um unsere Marktposition zu stärken? Brauchen wir neue, digital kompetente Leute, die uns das Aufspüren neuer Chancen erleichtern und uns helfen, die richtigen digitalen Hilfsmittel zu finden? In nahezu jedem Praxisfall führen diese und weitere gemeinsame Betrachtungen des Führungsteams und seiner Berater aus den Fachabteilungen zu einer strategischen Neuausrichtung. Ein Beispiel: Weil Kunden heute erwarten, dass sie im Internet sämtliche Details und Optionen zu Produkten abfragen und Produkte in 3D von allen Seiten betrachten können, und weil Verlinkungen zwischen Katalogeinträgen und Produktinfos das Hin- und Herspringen zwischen Übersicht und Detaildarstellung ermöglichen sollten, wäre es geradezu leichtsinnig, Entwicklungen in dieser Richtung strategisch zu vernachlässigen. Man muss investieren und dem Kunden alles, was ihn interessieren könnte, so überzeugend präsentieren, dass er beeindruckt ist. Chat-Funktionen für spontane Textanfragen gehören ebenfalls dazu, wenn irgend realisierbar. Und: Eine intensivere Kundeninteraktion rückt die *Kundenberatung als Angebotsbestandteil* stärker in den Mittelpunkt, insbesondere im *B2B-Bereich*. Daraus können wiederum neue Möglichkeiten entstehen, durch Vernetzung mit anderen Anbietern im Sinne des „Extended Enterprise" Angebote zusammenzustellen, die über das eigene Produktangebot hinausgehen und somit enormen Mehrwert schaffen.

Technische Modernisierungsmaßnahmen in Projektierung und Fertigung sind eine Selbstverständlichkeit; was aber den gewohnten Rahmen sprengt, sind Digitalisierungsmaßnahmen, die über den ursprünglich beabsichtigten Zweck hinaus wiederum völlig neue Möglichkeiten für z. B. Produkte oder Angebote schaffen. Investiert man etwa in die *additive Fertigung* indem man einen *3D-Drucker* anschafft, so kann dieser je nach Größe auch zur Herstellung völlig anderer Produkte genutzt werden und so das potenzielle Produktangebot sozusagen über Nacht um ein Vielfaches erweitern. Das kann neue Horizonte eröffnen und die Basis für neue Geschäftsmodelle bieten.

Oder: Mit *Sensorik* bestückte Maschinen und Anlagen können eigenständig mit dem Hersteller kommunizieren und regelmäßig Zustandsinformationen wie z. B. Lagerschwingungsdaten übermitteln, sodass vorbeugende Wartungsmaßnahmen gezielt geplant und überraschende Stillstandszeiten vermieden werden können. Das ist vielfach bereits Standard. Darüber hinaus eröffnet diese Verlagerung der Verantwortung für die Instandhaltung auf den Hersteller aber auch die Möglichkeit eines neuen Geschäftsmodells: Nämlich die Anlagen gar nicht zu verkaufen, sondern zu verleasen (Erweiterung des „as-a-service"-Prinzips). Ein solches Modell kann vielen Kundenunternehmen die Anschaffung von Anlagen ermöglichen, die für sie eigentlich zu teuer wären. Das erweitert im Fall eines Anlagenbauers den potenziellen Kundenkreis.

Diese wenigen Beispiele verdeutlichen, wie tiefgreifend die strategischen Veränderungen für ein Unternehmen sein können. Alle strategischen Neuausrichtungen müssen zu einer stimmigen, in sich logischen Gesamtstrategie verschmolzen werden, und diese muss so kommuniziert werden, dass sich alle Mitarbeiter damit identifizieren können.

Strukturwandel – eine veränderte strategische Ausrichtung und ein neues Geschäftsmodell erfordern zwingend auch Anpassungen innerhalb der *Unternehmensstruktur* sowie im gesamten Lieferanten- und Kunden-Ökosystem. Hier sind Veränderungen oft besonders schwer durchzusetzen, weil Hierarchien und Kompetenzen angetastet werden müssen, und weil erwachsene Menschen Veränderungen meist kritisch gegenüberstehen, vor allem dann, wenn das bisherige System ihrer Auffassung nach gut funktioniert und sich bewährt hat.

Erfahrungen haben gezeigt, dass digitaler Wandel in streng hierarchisch organisierten Unternehmen schwer umsetzbar sind. Gründe sind unter anderem lange Entscheidungswege; das auf Anordnung von oben und Ausführung durch Untergebene beruhende Aktionsprinzip, das Rückmeldungen von unten nach oben behindert und Verantwortung ungleich verteilt; und siloartige Abteilungen, die funktionsübergreifendes Denken und Arbeiten erschweren. Dem gegenüber erfordern die heute typischen *schnellen Entwicklungs- und Innovationszyklen,* das Verschwinden alter Gewissheiten und die zunehmende Unkalkulierbarkeit der weltwirtschaftlichen Entwicklung ein erhöhtes Maß an Flexibilität, das am besten durch flache Hierarchien und interdisziplinäre Teams mit hohem Eigenständigkeitsgrad zu erreichen ist.

Ein konkretes Beispiel ist die vielfach zu beobachtende Umstellung vom Engineer-to-order- (ETO) zum Configure-to-order-Prinzip (CTO): Entwickeln z. B. Maschinenbauer Anlagen kundenspezifisch als Einzelsysteme, muss der Käufer die Entwicklungskosten tragen und lange auf die Lieferung warten (Fischer 2019). Wendet der Maschinenbauer dagegen ein modulartiges Konfektionsprinzip an, kann der Kunde seine Wunsch-Anlage aus vordefinierten Optionen zusammenstellen, die sich relativ rasch aus Standardkomponenten zusammenstellen lassen. Bei Bedarf müssen dann lediglich Brückenkomponenten oder Schnittstellen kundenspezifisch nachentwickelt werden. Der Entwicklungsvorlauf und -aufwand verringert sich somit dramatisch. Doch das CTO-Prinzip hat Konsequenzen für den Hersteller: Es erfordert *abteilungsübergreifende Kollaboration* – und Digitalisierung. Der Versuch, dies zentralisiert durchzuführen, würde den Ablauf unnötig schwerfällig machen. Flache Hierarchien, unterstützt durch flexible digitale Vernetzung aller Beteiligten und Informationen, können das CTO-Prinzip dagegen zum Erfolg führen.

Es wird hier erneut deutlich, wie wichtig eine sehr weitreichende organisatorische Umstrukturierung ist. Sie stellt jedoch eine Herausforderung dar, der man mit Respekt begegnen sollte. Altgewohnte Ansichten und Arbeitsmethoden stehen zur Debatte, und neue Ansätze kann man nicht einfach aus der Luft greifen und über Nacht in die Praxis umsetzen. Hier ist kompetente Unterstützung von außen gefragt, denn nicht nur muss man sich mit der Funktions- und Arbeitsweise agiler Techniken vertraut machen und diese einüben, man muss auch die richtigen Techniken für die eigenen Strategien identifizieren. Vielfach macht dann die Unternehmensleitung den Fehler, auf Eile zu drängen, was der Qualität der Maßnahmen Abbruch tut. Das Kind mit dem Bade auszuschütten, ist nicht der Sinn des digitalen Wandels. Jede Maßnahme muss konkret motiviert, solide begründet und möglichst detailliert geplant werden, auch wenn das Ergebnis nicht immer eindeutig plan- und vorhersehbar ist und Strategie allgemein dynamischer wird. Und bei aller Agilität ist auch eine langfristige Vision essenziell, wie Rita McGrath von der Columbia Business School ausführt: Gerade in Zeiten der Volatilität gibt sie Orientierung und Richtung (McGrath 2016).

Schulungen und Qualifizierungsmaßnahmen, präzise abgestimmt auf den konkreten Bedarf, und eine sorgfältige, umsichtige Planung sind Voraussetzungen für eine nachhaltig wirksame und erfolgreiche Umstrukturierung. Alle anvisierten Veränderungen müssen auch die Schnittstellen und Abhängigkeiten zwischen verschiedenen

Geschäftsbereichen und Unternehmensteilen berücksichtigen. Die Grenzen von Zuständigkeitsbereichen werden sich verschieben, manche werden ganz verschwinden. Ähnliches gilt übrigens auch für die Industrie insgesamt, wo sich Branchen neu definieren und die Grenzen anders ziehen werden, wobei sich viele produktorientierte Segmente in vorwiegend dienstleistungsorientierte verwandeln.

Der strukturelle Wandel muss sich über das Innenleben des Unternehmens hinaus auch auf sein Lieferanten-Ökosystem erstrecken. Die Interaktion mit der Lieferkette birgt in der Regel erhebliches Optimierungspotenzial, allerdings kommt es hier auf die Kooperationsbereitschaft aller Stakeholder an, was diplomatisches Fingerspitzengefühl erfordert, denn jeder digitalisiert gemäß seiner jeweiligen Situation und nutzt seine eigenen Lieblingsapplikationen und Verfahrensmodelle. Wie bereits eingangs angedeutet, ist ein schrittweises Vorgehen besser als eine Radikalkur, und viele Neuerungen sollte man zunächst in einer Testumgebung („Sandbox"), bis zur Praxisreife bringen, bevor man die bisherigen Verfahren stilllegt. Ein solcher sanfter Übergang im Sinne der *„Ambidexterity"* (vgl. Kap. 1) erhöht die Erfolgswahrscheinlichkeit.

Kulturwandel – eine tiefgreifende strukturelle Umformung erfordert fundamentales Umdenken, das seinerseits durch die Unternehmensführung planmäßig vorbereitet und pädagogisch einfühlsam vermittelt werden muss. Man kann Menschen nicht beliebig „umtopfen". Ein *Kulturwandel muss human gestaltet werden* – analog zum Konzept des „Human Engineering", das Maschinenwelten von der natürlichen Funktionsweise des menschlichen Organismus ausgehend gestaltet.

In großen Unternehmen ist es gängige Praxis, Feedback aus der Mitarbeiterschaft zu fördern und z. B. durch Umfragen oder Sammelboxen Anregungen für die Gestaltung des Betriebsalltags einzuholen („Betriebliches Vorschlagswesen"). Zugleich vermittelt man den Mitarbeitern damit das Gefühl, dass ihre Meinung zählt und dass sie mehr sind als Nummern bzw. Personalakten. Jede aktive Einbindung der Mitarbeiter in Entscheidungsprozesse – soweit sie sichtbar ehrlich ist und auch zu spürbaren Veränderungen führt – ist ein Beitrag zur Demokratie, zu gesellschaftlichem Zusammenhalt und zur Stärkung der Identifikation mit dem Unternehmen, bei dem man arbeitet.

In der *Praxis scheitern solche Modelle* aber bisweilen an Halbherzigkeit, Zeitmangel, Willkür, mangelndem Einfühlungsvermögen und sonstigen menschlichen Unzulänglichkeiten. Es gibt nichts Schlimmeres, als das Vertrauen der Mitarbeiter zu verlieren. Deshalb verlangt das anspruchsvolle Ziel eines nachhaltigen Kulturwandels nach einem Umgangsstil, der Vertrauen und die Bereitschaft zum Umdenken fördert – gerade bei langjährigen, erfahrenen Mitarbeitern keine kleine Aufgabe.

Aufgeschlossenheit muss zum Lebensprinzip eines „digitalen" Unternehmens werden. Aufgeschlossenheit gegenüber Neuem ganz allgemein, besonders natürlich gegenüber Innovation und Veränderung; Experimentierfreudigkeit, Mut zum Risiko, die Bereitschaft zum Ausprobieren (Trial-and-Error), was auch Mut zum Scheitern bedeutet: Wenn es nicht funktioniert, haben wir es wenigstens versucht! Auflösen allzu strenger Verfahrensregeln zugunsten echter „Unternehmungslust", Offenheit für ungewöhnliche Ideen und eine Pflicht zum Widerspruch: Wer diese Grundsätze verwirklicht, bereitet den Boden für ein dynamisches, wachstumsstarkes Unternehmen, das sich im digitalen Zeitalter behaupten kann.

Ein Mentalitätswandel braucht *Zeit und Geduld;* das Schlagwort „disruptiv" sollte man in diesem Zusammenhang nicht überinterpretieren. Durch spezielle Informationsveranstaltungen, Appelle an die Eigeninitiative, intensive und beharrliche Überzeugungsarbeit, Auszeichnungen für besonderes Engagement, viel Fantasie und nicht zuletzt auch rasch erzielbare erste Erfolge, sogenannte *„Quick Wins",* bindet man alle Teile der Mitarbeiterschaft in das Kulturwandel-Projekt ein. Neue, digital kompetente Mitarbeiter können neue Perspektiven und Zukunftserwartungen ins Spiel bringen und traditionsbasierte Hemmnisse überwinden helfen.

Zentrale Bedeutung haben klare Ansagen, d. h. eine für jeden leicht verständliche Vermittlung der Ziele und ihrer Bedeutung für den Erfolg des Unternehmens und damit für jeden seiner Mitarbeiter. Glaube kann auch hier Berge versetzen. Schlüssel zum langfristigen Erfolg ist die Einführung von Rückkopplungsmechanismen und Ernennung von Beauftragten, die dauerhaft über die Einhaltung der Regeln wachen.

2.3 Die Rolle der Technologie bei der Digitalisierung

Wie aus den obigen Erörterungen hervorgeht, ist die digitale Transformation primär eine organisatorische Überlegung. Dementsprechend sind die Gestaltungselemente Organisation, Strategie und Kultur maßgeblich. Erst im zweiten Schritt geht es um digitale Technologien. Hier herrscht häufig noch ein Missverständnis: *Nicht die Technologie bestimmt die Marschrichtung, sondern die Strategie bzw. das Geschäftsmodell,* welches definiert, wie neuer Wert erzeugt wird (H. Chesbrough und Rosenbloom 2002). Dieser Sachverhalt ist in Abb. 2.3 genauer dargestellt.

Die Technologie folgt der Strategie und eröffnet als wichtiger „*Enabler*" neue strategische Optionen – ist aber eben nur der Enabler. D. h. die Technologie unterstützt und ermöglicht die strategische Neuausrichtung, ist aber nicht ihr Zweck, sondern vielmehr Anlass, vieles neu zu denken; denn sie ebnet Wege, die früher undenkbar waren.

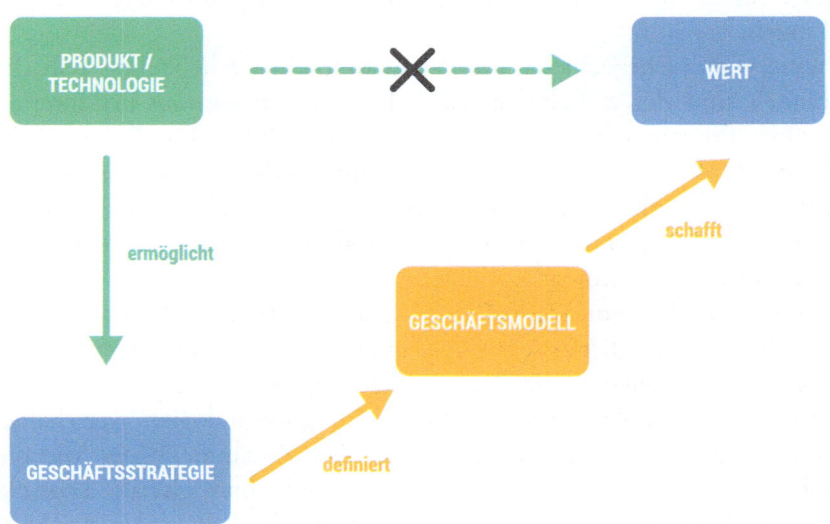

Abb. 2.3 Technologie, Geschäftsmodell und Wert. (Eigene Darstellung in Anlehnung an Stähler 2002; Wigand 1997)

Für die Digitalisierung sind in den letzten beiden Jahrzehnten das *technologische Fundament* dafür gelegt worden: zuerst das weltweite Internet; die Miniaturisierung von Elektronik; die Verlagerung einer Vielzahl von Tätigkeiten, Kommunikationsvorgängen und Dienstleistungen in Software und das Internet; flächendeckende drahtlose Kommunikation; die Verfügbarkeit von Rechenleistung und Vernetzung an fast jedem beliebigen Standort dank Smartphones, Tablets und sozialen Netzwerken; leistungsfähige Sensorik, Internet der Dinge, Virtual/Augmented Reality und künstliche Intelligenz; 3D-Druck; Online-Zahlungsverkehr; Big Data, Plattformen und Blockchain-Technologie, um nur die wichtigsten zu nennen.

Das Schlüsselelement ist die Vernetzung sämtlicher technischer Elemente, die die räumliche Trennung von Mensch und Maschine und somit die Zentralisierung und Automatisierung von Echtzeit-Steuerungsvorgängen einschließlich regelbasierter Entscheidungsprozesse ermöglicht. Diese Entwicklung wird auch oft als der 5. Kondratieff-Zyklus bezeichnet (Kondratieff 2013). Es gibt also parallel zum Transformationszyklus eines jeden einzelnen Unternehmens auch einen übergeordneten Prozess des Wandels.

Aus Verbrauchersicht hat die Verlagerung eines erheblichen Teils des Handels und der zwischenmenschlichen *Kommunikation* ins Internet zu einer fundamentalen Verhaltensänderung geführt. Die Bequemlichkeit des Online-Handels inklusive Zahlungsabwicklung ist unschlagbar. Unternehmen, die ihre Produkte bzw. Dienstleistungen nicht online anbieten, geraten aus dem Blickfeld und sind für die Allgemeinheit kaum noch wahrnehmbar.

Aus Sicht der Industrie eröffnen diese vernetzten Technologien eine Vielzahl neuer Möglichkeiten, von räumlich verteilten, zentral gesteuerten Produktionskapazitäten bis zu intelligenten, lernfähigen und (teil-)autonomen Anlagen. *Big-Data*-Verarbeitungstechnologien verschaffen Unternehmen völlig neue Erkenntnisse über Zusammenhänge wie das Kundenverhalten, das Marktgeschehen, Trends und globale Logistik. Größere Kundennähe, verkürzte Innovations- und Produktionszyklen, Effizienzsteigerung, Flexibilisierung, Lagerbestandsoptimierung, Logistik- und Supply-Chain-Optimierung, Personalentwicklung/E-Learning oder Produkt-Individualisierung sind typische Vorteile, die durch digitalen Technologien ermöglicht werden.

Über Blockchain und *Künstliche Intelligenz (KI)* wird noch heftig debattiert; allerdings ist KI heute bereits in vielen kleineren Applikationen Realität, beispielsweise in Online-Chat-Funktionen, die Kundenanfragen anhand von Stichworterkennung automatisch beantworten. Blockchains eröffnen neue Perspektiven für die Transaktionssicherheit, sind aber aufgrund des enormen Rechenaufwands noch nicht zum Allgemeingut geworden. Außerdem sind Regulierungs- und Souveränitätsfragen zu klären, wie die Idee von der weltweiten Online-Währung von Facebook zeigt: Hier hat die US-Regierung aufgrund währungspolitischer Bedenken vorläufig Einhalt geboten. Die weitere Entwicklung bleibt spannend!

Die Technologie hintan zu stellen bedeutet, dass man sich vornehmlich mit dem „Business" beschäftigt. Wer dies tut, kommt letztlich an der Diskussion über das Geschäftsmodell (Business Model) nicht vorbei (vgl. dazu auch Kap. 3). So bildet also die *Anwendung der Technologie* eine wichtige Basis für den Aufbau neuer Geschäftsmodelle – aber eben nur die Basis. Darauf aufbauend ist das Geschäftsmodell der eigentliche Wert-Generator. Und da ergeben sich mehrere grobe Muster. Diese werden später noch genauer diskutiert (vgl. Kap. 4).

2.4 Fazit zu Kap. 2

Die aktuelle öffentliche Diskussion macht es nicht leichter, sondern im Gegenteil eigentlich schwieriger, das Thema Digitalisierung bzw. digitale Transformation zu erfassen und ganzheitlich zu begreifen. Zudem handelt es sich hier nicht um ein statisches Konstrukt, sondern vielmehr um eine dynamische Problemstellung.

Auch wenn Ashby's Gesetz (s. o.) ein eher komplexes Modell nahelegt, wird im nächsten Kapitel ein sehr reduziertes und einfaches Modell präsentiert. Dieses hat sich mehrfach in der Praxis bewährt und punktet vor allem durch seine klare und verständliche Struktur. Natürlich liegt auch hier der Teufel im Detail, dies wird aber vor allem im zweiten Teil dieses Buches – im Rahmen der konkreten Umsetzung in der Praxis geht – relevant.

Aus Kap. 2 folgt vor allem, dass die Technologie zwar die allesentscheidende Basis für die Digitalisierung bzw. die Erzeugung digitaler Innovationen ist aber eben nur – und wenn überhaupt – die „halbe Miete". Viel wichtiger scheint die Frage nach dem „Wert" der hierdurch geschaffen werden kann und damit die Diskussion um die Erzeugung nachhaltiger Geschäftsmodelle.

Literatur

Andresseen, M. (2011). Why software is eating the world. The Wall Street Journal. https://www.wsj.com/articles/SB10001424053111903480904576 512250915629460. Zugegriffen: 23. Okt. 2019.

Bruch, W. (1979). Einstein eröffnet die Funkausstellung. *Berliner Forum – Erinnerungen an Funkaustellungen, 6*(79), 36–37.

Chesbrough, H. W., & Rosenbloom, R. (2002). The role of the business model in capturing value from innovation: Evidence from Xerox Corporation's technology spin-off companies. *Industrial and Corporate Change, 11*(3), 529–555.

Fischer, J. W. (2019). Die digitale Transformation bedeutet viel mehr als Digitalisierung. *Transfer, 2*. https://transfermagazin.steinbeis.de/?p=6159. Zugegriffen: 22. Nov. 2019.

Kondratieff, N. (2013). *Die langen Wellen der Konjunktur – Die Essays von Konfratieff aus den Jahren 1926 und 1928, herausgegeben und kommentiert von Erik Händeler* (1. Aufl.). Moers: Marlon.

Kotter, J. P. (1995). Leading change: Why transformation efforts fail. *Harvard Business Review, 86*, 97–103.

Lewin, K. (1947). Frontiers in group dynamics: Concept, method and reality in social science; social equilibria and social change. *Human Relations, 1*(1), 5–41.

McGrath, R. (2016). The end of stability: Rethinking strategy for an uncertain age. *Digital Transformation Review* (Capgemini Consulting), No. 9.

Stähler, P. (2002). *Geschäftsmodelle in der digitalen Ökonomie*. Köln: Josef Eul.

Staudt, F. (17. Juni 2019). Digitalisierung ist keine Digitale Transformation. CIO.de. https://www.cio.de/a/digitalisierung-ist-keine-digitale-transformation,3546992. Zugegriffen: 26. Nov. 2019.

Wigand, R. (1997). Electronic commerce: Definition, theory, and context. *The Information Society, 13*, 1–16.

3

Ableitung eines Modells

Es gibt nichts Praktischeres als eine gute Theorie.
Kurt Lewin

Der Digital Navigator ist ein Modell für die Praxis und soll Antworten auf die in den vorherigen Kapiteln aufgeworfenen Fragen liefern – vor allem auf die Frage nach dem „Was". Da man das Rad ja nicht ständig neu erfinden muss, werden zunächst relevante bestehende Modelle beleuchtet, die zu den grundsätzlichen Fragestellungen der Digitalisierung passen könnten. Im Hinblick auf die Kommunikation von (Digital) Strategien sind vor allem einfache Modelle gefragt. Außerdem besteht die Herausforderung darin, die Diskussion um Strategie und Technologie geeignet in Einklang zu bringen: IT-seitige Modelle stellen hier oftmals zu sehr die Technologie in den Mittelpunkt. Wie im letzten Kapitel bereits erläutert sollte diese jedoch eher im Hintergrund stehen und die Diskussion um das passende Geschäftsmodell im Vordergrund. So ist auch das Digital Navigator Modell aus der Perspektive des Geschäftsmodells formuliert. „Navigator" heißt das Modell deshalb, weil es als Kompass dienen soll, um (strategische) Initiativen und Digitalisierungsprojekte ausgewogen zu planen und bei der anschließenden Umsetzung nicht die generelle Richtung aus den Augen zu verlieren.

Und bei alledem darf die Digitalisierung – vor allem im Unternehmenskontext – *kein Selbstzweck* sein, muss sich also am Bestehenden orientieren und auch auf die grundsätzliche Strategie des Unternehmens bzw. Unternehmers abgestimmt sein.

3.1 Bestehende Modelle

Da die Herausforderung der Digitalisierung im Kern interdisziplinär ist, sollte man für die Entwicklung von Digitalisierungsstrategien auch prinzipiell in mehreren verschiedenen Disziplinen nach geeigneten Modellen suchen: So sind natürlich zum einen Modelle aus dem IT-Management, zum anderen aber auch solche aus dem Innovations- oder dem strategischen Management relevant.

Dabei ist ein Gedanke zentral: Ein Modell, bei dem das Thema Digitalisierung auf strategischer Ebene strukturiert und auch zur *Kommunikation auf allen Ebenen* eines Unternehmens verwendet werden soll, muss vor allem eins sein: einfach. Hier birgt wiederum – wie oben bereits erwähnt – die Komplexität des Problems die Gefahr, das Modell in allen Details ständig weiterzuentwickeln, bis es selbst schließlich zu unübersichtlich wird. Dieser Verdacht trifft vermutlich insbesondere auf den Bereich Informationstechnologie mit seinen zahlreichen Innovationen und neuen Technologien zu. Bestehende Modelle sollten also insbesondere auf ihre Komplexität hin kritisch geprüft werden.

> Ziel des folgenden Abschnitts ist es, einen kurzen Abriss und die grundsätzliche Idee zu ausgewählten Modellen im Kontext der Digitalisierung zu geben. Dabei muss klar sein, dass es sicherlich noch weitere relevante Modelle gibt, die wichtige Aussagen für die Digitalisierung liefern könnten. Außerdem sei für tiefergehende Details auf die jeweilige Originalliteratur verwiesen, in der die Modelle weitaus besser und genauer beschrieben sind.

Gartner Hype Cycle

Jedes Jahr im August veröffentlicht das IT-Analystenhaus Gartner den sogenannten „Hype Cycle for Emerging Technologies". Darin werden die momentan verfügbaren Technologien auf einer markanten Kurve angeordnet (siehe Abb. 3.1). Die Idee ist, dass jede Technologien mehrere Phasen durchläuft. Ziel des Modells ist es, IT-Entscheidern einen Überblick zu geben, mit welchen Technologie-Trends sie sich gegenwärtig auseinandersetzen sollten (je nachdem in welcher Phase sich die Technologie befindet).

Der Hype Cycle adressiert dabei Fragestellungen für IT-Entscheider wie: Auf welche Trends muss sich der Markt einstellen? Welche kreativen neuen Wortschöpfungen gibt es? Und vor allem: Welche Buzzwords der Vorjahre sind wieder verschwunden?

Die Y-Achse des zum Graphen gehörenden Koordinatensystems zeigt dabei den „Grad der Erwartungen" an einen IT-Trend an, die X-Achse beschreibt die Phasen in der sich die Technologie im Laufe der

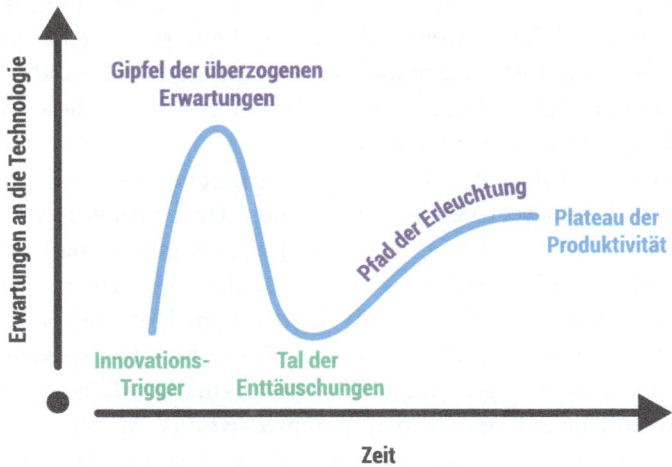

Abb. 3.1 Gartner Hype Cycle 2019. (Eigene Darstellung in Anlehnung an Gartner 2019)

Zeit entwickelt. Dabei werden die folgenden Phasen durchlaufen. Der *„Innovationstrigger"* im frühen Stadium der Technologie, welcher durch einen wissenschaftlichen Durchbruch, eine öffentliche Präsentation, eine Produkteinführung oder eine andere Veranstaltung, die großes Interesse bei Presse und Industrie weckt ausgelöst wird, bildet den Start der Diskussion über die Technologie. Als nächstes folgt in der öffentlichen Diskussion meist ein *„Höhepunkt der überzogenen Erwartungen"* also eine Phase der Überbegeisterung. Hier werden unrealistischer Prognosen abgegeben und es gibt eine Flut von Erfolgsmeldungen einiger Technologieführer – die Misserfolge auf breiter Basis sind allerdings in der Mehrzahl. Vermutlich sind die einzigen Unternehmen, die in dieser Phase Geld mit der Technologie verdienen die Zeitschriftenverlage und Konferenzveranstalter, die den Hype anfeuern. Es folgt das *„Tal der Enttäuschungen"* welches durch Desillusionierung über die neue Technologie geprägt ist. Auch die o. a. Medien und die Presse verlassen dann das Thema, weil die Technologie ihren überhöhten Erwartungen nicht gerecht wurde. Schließlich kommt es zum *„Pfad der Erleuchtung"*, weil es langsam zu einem echten Verständnis der Anwendungsmöglichkeiten kommt. Zuletzt erreicht die Technologie das sogenannte *„Plateau der Produktivität"* währenddessen Werkzeuge und Methoden zur Anwendung der Technologie immer stabiler werden und diese somit auf breiter Basis eingesetzt werden können.

Analysiert man die Hype Cycles der vergangenen Jahre erkennt man, dass die Analysten von Gartner die Trends der Technologien sehr gut vorhergesehen und in einen zeitlichen Kontext gesetzt haben. Bereits 2005 wurde beispielsweise prognostiziert, dass das Thema *„Augmented Reality"* binnen fünf bis zehn Jahren den Höhepunkt erreichen werde. Diese Prognose kann aus heutiger Sicht bestätigt werden – zwar sind derzeit erst wenige Produkte wirklich marktreif, aber mögliche Geschäftsmodelle auf Basis von Augmented-Reality-Anwendungen sind bereits im Entstehen. Ein weiteres gutes Beispiel ist der *„3D-Druck"*, der erstmals im Hype Cycle des Jahres 2007 auftauchte und sich heute auch langsam auf dem „Pfad der Erleuchtung" befindet. Der *„Tablet PC"* ist beispielsweise längst über das Plateau der Produktivität hinaus. Dieser wurde von 2006 bis 2010 im Hype Cycle aufgeführt und dann mit Apples erster iPad-Generation 2010 aus der Kurve entfernt.

> Das Modell ist sehr gut dazu geeignet, eine Übersicht der verfügbaren Technologien zu erhalten und einzuschätzen, in welche Technologien man bestenfalls investieren sollte bzw. wo Kompetenzen im Unternehmen aufgebaut werden sollten.

S-Kurven-Modell

Das S-Kurven-Modell ist ursprünglich bei der Strategieberatung McKinsey entstanden und hilft die Entwicklung von Innovationen bzw. den Übergang von einer auf eine andere Technologie zu erklären. Dabei wird die heutige *„alte Technologie"* in Relation zur zukünftigen *„Substitutionstechnologie"* gebracht und in eine Koordinatensystem angeordnet (s. Abb. 3.2). Die Y-Achse beschreibt die Leistungsfähigkeit der Technologie und die X-Achse den kumulierten Aufwand in Forschungs- und Entwicklung, der dafür aufgebracht werden muss.

Das Modell basiert auf dem Technologielebenszyklus-Modell (vgl. bspw. Little 2013), wonach Technologien einem *idealtypischen Lebenszyklus* – ähnlich dem *Produktlebenszyklus* – folgen. Das S-Kurven-Modell basiert dabei auf der Annahme, dass Technologien immer

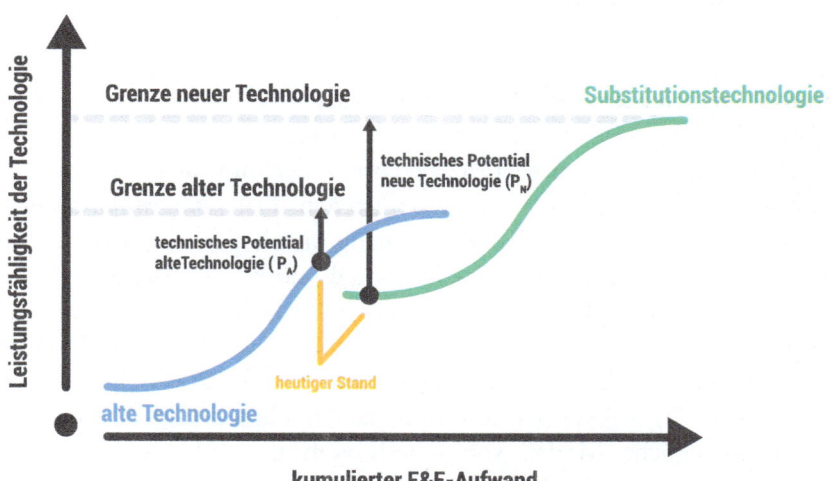

Abb. 3.2 S-Kurven Konzept. (Eigene Darstellung in Anlehnung an Foster 1986)

irgendwann an ihre (ökonomischen) Leistungsgrenzen stoßen, welche das jeweils verfügbare *technische Potenzial einer Technologie* markieren. Im Laufe der Zeit und mit zunehmender Reife der Technologie sind immer höhere Investitionen notwendig, um das technische Potenzial weiter auszuschöpfen und eine höhere Leistungsfähigkeit zu erzielen (inkrementelle Innovationen). Die Steigung der Kurve beschreibt die *„Produktivität der Forschungs- und Entwicklungsanstrengungen"* – also den Gewinn an Leistungsfähigkeit durch zusätzlichen Aufwand an Forschungs- und Entwicklungsarbeit. Diese Produktivität ist zu Anfang gering, steigt dann an und sinkt letztlich wieder. Dieses Konzept kann übrigens auch sehr gut das sogenannte *Innovator's Dilemma* von Christensen erklären (vgl. Kap. 1): Bedeutsame Leistungssteigerungen können ab einem gewissen Zeitpunkt dann nur noch durch den Einsatz neuer Technologien in vertretbarem Aufwand erzielt werden („Technologiesprung"). Wobei auch die neue Technologie – im Sinne der S-Kurve – zunächst größeren Aufwand verursacht also erneut den Beginn einer S-Kurve darstellt usw.

> Das Modell kann zur Identifikation von möglichen Technologiesprüngen eingesetzt werden bzw. kann Entscheidern helfen diese zu initiieren. Stellen Sie sich selbst die Frage: auf welcher Kurve befinden sich mit Ihren heutigen und geplanten Technologien?

Innovationstrichter und Open Innovation
Während das Hype Cycle Modell und das S-Kurven Modell beschreiben, wie sich Technologien entwickeln, beschreibt der Innovationstrichter den Prozess wie aus Ideen Innovationen entstehen. Der *„Innovationstrichter"* wurde von Chesbrough in Zusammenhang mit dem Konzept des *„Open Innovation"* diskutiert (H. W. Chesbrough 2006). In Bezug auf den Innovationsprozess gibt es einige weitere Modelle (Burmester und Vahs 2005; R. Cooper 1994, 1996; R. G. Cooper und Kleinschmidt 1990; Herstatt und Verworn 2007; Hughes und Chafin 2003; Ulrich und Eppinger 1995) – jeweils mit verschiedenen Phasen und Abschnitten. Das ursprüngliche Modell von Chesbrough unterscheidet grundsätzlich zwei Phasen in der Entstehung von Innovationen: die frühe Phase

der Forschung und die darauffolgende Phase der Entwicklung bzw. Umsetzung, wie in Abb. 3.3 dargestellt.

In Abb. 3.3 wird zudem der Unterschied zwischen „*Closed Innovation*" und „*Open Innovation*" deutlich: beim *Closed Innovation* Konzept treten Ideen nur an einer einzigen Stelle in den Innovationsprozess ein, nämlich zu Beginn. Die Qualifizierung, Weiterentwicklung und schließlich Umsetzung der Ideen erfolgen hier ausschließlich mit Hilfe von internen organisationalen Ressourcen. Damit basiert das Closed Innovation Konzept auf der Annahme, ein Unternehmen müsse zu jedem Zeitpunkt des Innovationsprozesses vollständige Kontrolle über die zu erzeugenden Innovationen besitzen. Unternehmen, die diesem Ansatz folgen, führen jeden Schritt des Innovationsprozesses selbst durch, von der Ideengenerierung, über deren Weiterentwicklung bis hin zu Marketing und Vertrieb. Dies impliziert, dass zur Entwicklung ausschließlich interne Ressourcen genutzt werden und dass Innovationen den Prozess nur über bestehende Kanäle des Unternehmens kommerzialisiert

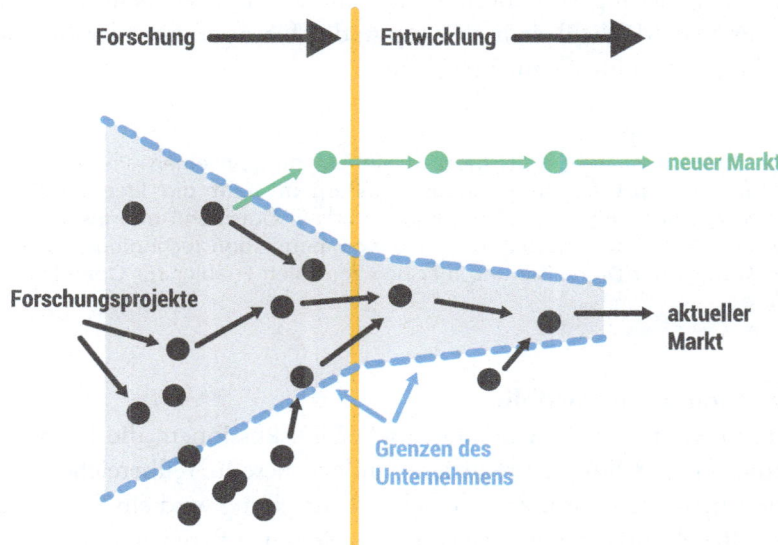

Abb. 3.3 Open-Innovation Modell. (Eigene Darstellung in Anlehnung an H. W. Chesbrough 2006)

werden können. Verheerend dabei: entstehen in diesem Zusammenhang Ideen oder Nebenprodukte, die nicht in die aktuelle Unternehmensstrategie passen, werden diese in der Regel nicht direkt kommerzialisiert und noch schlimmer: um zu verhindern, dass Konkurrenten von diesem Wissen profitieren, werden diese verschlossen gehalten bzw. verschwinden in irgendeiner Schublade. Ob eine Idee letztlich umgesetzt wird, hängt also stark von der strategischen Planung ab.

Im *Open Innovation* Konzept hingegen können Innovationen zu jeder Zeit und in jeder Phase den Innovationstrichter (bzw. die Firmengrenzen) verlassen aber auch neue Ideen aufgenommen werden – die Unternehmensgrenzen (gekennzeichnet durch eine gestrichelte Linie) sind hier also beidseitig durchlässig. Die Idee ist, in möglichst allen Phasen die Möglichkeit zum Zugriff auf externes Wissen auf der einen Seite bzw. das Insourcing externer Technologien auf der anderen Seite zu gewährleisten. Auch in späteren Phasen ist dies, beispielsweise durch die Bereitstellung von (Corporate) Venture Capital oder den Erwerb kompletter Unternehmen, Unternehmensanteilen oder Produktlinien möglich. Zur Kommerzialisierung von Ideen stehen auf der anderen Seite auch völlig neuartige Möglichkeiten wie bspw. die Lizensierung oder die Ausgründung von Spin-offs zur Verfügung.

> Das Modell ist sehr gut dazu geeignet, die einzelnen Phasen des Innovationsprozesses zu verstehen. Außerdem steht die Idee im Einklang mit den heute populären kollaborativen Outside-in und Inside-out Ansätzen. Digitale Informations- und Kommunikationstechnologie bildet im Kontext der Digitalisierung hier den zentralen Enabler für Open Innovation.

Innovationsarten-Portfolio
Portfolio Modelle helfen in strategischen Diskussionen, die Komplexität einer Fragestellung zu reduzieren indem diese in Teilbereichen differenziert betrachtet wird. Zur einfachen Darstellung wird ein Sachverhalt in der Regel entlang von zweier Dimensionen differenziert betrachtet. Der gängigste Vertreter ist wohl die BCG Matrix, welche Produkte bzw. Geschäftsbereiche entlang des relativen Marktanteils und des Marktwachstums betrachtet.

Auch für Innovationen wird schnell klar, dass es keinen einzigen „wahren" Weg für eine Innovationsstrategie geben kann. So macht es auch hier Sinn die Komplexität zu reduzieren und diese zunächst differenziert zu betrachten. Eine Möglichkeit ist die Differenzierung zwischen „Grundlagenforschung", „Erhaltende Innovation", „Bahnbrechende Innovation" und „Disruptive Innovation" (vgl. Satell 2017a, b). Diese 4 Typen sind in Abb. 3.4 dargestellt.

Das Modell stellt auf einfache Weise zwei Fragen: „Wie gut ist das Problem definiert?" sowie „Wie gut sind die Kompetenzbereiche definiert, die zur Lösung des Problems erforderlich sind?". Die Innovationsarten im Einzelnen:

Grundlagenforschung – Wenn ein Problem nicht klar umrissen werden kann und auch die relevanten fachlichen Anforderungen unklar sind, muss das Problem auf seine grundsätzlichen Bedingungen und Voraussetzungen zurückgeführt werden. Dies erfordert einen erheblichen Forschungsaufwand mit offenem Ergebnis.

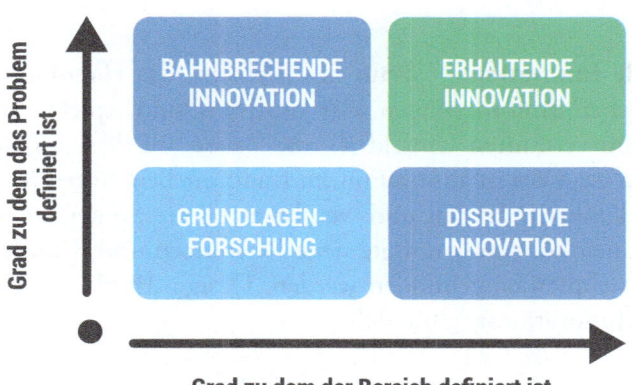

Abb. 3.4 Typen von Innovation. (Eigene Darstellung in Anlehnung an Satell 2017b)

Viele Innovationen werden zum Zeitpunkt ihres Auftretens kaum beachtet oder zumindest unterschätzt und entfalten ihr Potenzial erst über längere Zeiträume hinweg: Die Relativitätstheorie, der Computer, das Internet hatten lange Vorlaufphasen, bis sie voll ausgereift waren und im Alltag Wirkung zeigen konnten. Sie haben die Welt aber nachhaltig verändert. Während große Konzerne über eigene Ressourcen für Grundlagenforschung verfügen, sind kleinere Unternehmen auf Kooperationen (Joint Industry Projects, Joint Research Projects usw.), Brancheninitiativen, Forschungsstiftungen (wie z. B. Fraunhofer) und Regierungsprogramme angewiesen. Wer diese Möglichkeiten ausschöpft, kann auch mit begrenzten Eigenmitteln sein Unternehmen transformieren.

Diese vier Innovationsarten sind eine gute Denk- und Orientierungshilfe für Unternehmen auf der Schwelle zum digitalen Wandel. Es empfiehlt sich anhand dieses einfachen Schemas darüber zu reflektieren, welche Innovationsart sich in der gegebenen Situation anzustreben ist: Wird nach gewohntem Muster weitergearbeitet, oder stehen tiefgreifende Veränderungen an? Die nachstehende Begriffsklärung beantwortet diese Frage.

Erhaltende Innovation – Wenn das Problem, das Handlungsfeld und die fachlichen Anforderungen klar umrissen sind, spielen sich Innovationen im vertrauten Umfeld ab und bauen auf dem auf, was schon vorhanden ist. Dies ist Innovation im traditionellen Sinne: Man bewegt sich in bekanntem Terrain und wendet etablierte Strategien an. Durch Akquisitionen können benötigte neue Ressourcen und Kompetenzen in das Unternehmen eingebunden werden. Design-Thinking-Ansätze sind bei dieser Innovationsart hilfreich.

Bahnbrechende Innovation – Manche Problemstellungen sind zwar klar umrissen, jedoch extrem diffizil zu lösen, und konventionelle Kompetenzen stoßen an ihre Grenzen. Neue Verfahrenswege müssen beschritten, neue Paradigmen entwickelt werden. Eventuell fehlen den Fachleuten, in deren Domäne das Problem liegt, entscheidende Kenntnisse, die jedoch in einer anderen Fachwelt vorhanden sind. Offene Innovationsstrategien können hier den Durchbruch ermöglichen.

Disruptive Innovation – Bewährte Methoden können ins Leere laufen, wenn ein Problem schwer fassbar ist, auch wenn die relevanten Kompetenzen bereitstehen. Ändert sich beispielsweise die Wettbewerbssituation grundlegend, z. B. durch größere Veränderungen am Markt oder durch das Auftauchen neuer Technologien wie Online-Handel oder das „as a Service"-Prinzip, hilft Produktinnovation nicht weiter. Stattdessen muss auch hier das eigene Geschäftsmodell auf neue Beine gestellt werden.

Kaum ein Begriff ist mit der Diskussion um die Digitalisierung so verbunden wie *„Disruption"*. Daher soll dieser – ergänzend zu den o. a. Erklärungen noch ein wenig detaillierter beschrieben werden. Vor allem, weil oftmals Missverständnisse bestehen, um was es hier eigentlich genau geht. Dies führt dazu, dass das ursprüngliche Konzept falsch interpretiert wird und auf alles Mögliche angewendet wird (Christensen et al. 2015).

Wie durch das oben angegebene Modell beschrieben geht es um einen Innovationsbereich, in dem zwar die Kompetenzbereiche, die zur Lösung des Problems erforderlich sind, sehr gut definiert sind, aber das Problem an sich nicht. Das trifft auch den Kern der Aussage des Erfinders des Begriffs Clayton Christensen, dass Disruption einen Prozess beschreibt, bei dem ein kleiner Anbieter – meistens mit nur geringer Ressourcenausstattung – erfolgreich ein etabliertes Geschäft herausfordert (Christensen et al. 2015). Was hier dann passiert ist in Abb. 3.5 dargestellt:

Etablierte Firmen konzentrieren sich oft auf die Verbesserungen ihrer Produkte und Dienstleistungen für ihre lukrativsten Kunden (am oberen Ende des Marktes) und vernachlässigen dabei andere Kundensegmente (am unteren Ende des Marktes). Genau dort setzen die disruptiven Unternehmen an und bieten einfachere Produkte zu geringeren Preisen an. Die etablierten Unternehmen beachten dies längere Zeit nicht, und beschäftigen sich insbesondere mit inkrementellen Innovationen, die ihre bestehenden Produkte immer weiter verbessern und auf die höhere Produktivität am oberen Ende des Market fokussieren. Die disruptiven Innnovationen durchdringen dann langsam den Markt und überholen schließlich die etablierten Unternehmen. Da die hier beschriebenen etablierten Unternehmen sehr wohl innovativ

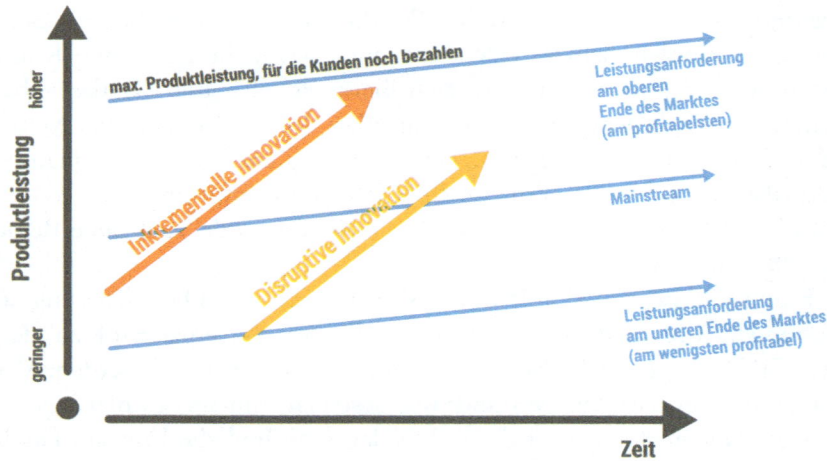

Abb. 3.5 Disruptive Innovation. (Eigen Darstellung in Anlehnung an Christensen 2015)

sind, bezeichnete Christensen diesen Prozess als „Innovators Dilemma" (Christensen 2015). Die zweite Ausprägung von disruptiver Innovation erschafft – im gleichen Sinne – Märkte, die bisher noch nicht existiert haben.

Disruptive Innovationen sind demnach nicht immer besser als das bisher bestehende – in vielen Fällen sogar schlechter. Sie lösen nur das Kundenproblem auf einfachere (und damit auch kostengünstigere) Art und Weise. Das Geschäftsmodell der Firma „Uber" (www.uber.com) ist aus Sicht des Models übrigens keine disruptive Disruption, das von Netflix (www.netflix.com) allerdings schon. Und: Technologien können per Definition nicht disruptiv sein, nur deren Anwendung als disruptive Innovation bzw. als Basis für ein disruptives Geschäftsmodell.

Digitaler Reifegrad
Der digitale Reifegrad einer Organisation beschreibt den Fortschritt der digitalen Transformation eines Unternehmens. Damit wird der digitale Wettbewerbsvorteil eines Unternehmens sichtbar. Es gibt verschiedene mehr oder weniger komplizierte und detaillierte Modelle bzgl. des „*Digitalen Reifegrades*" von Unternehmen. Eine Möglichkeit stammt vom

Center for Digital Business des Massachusetts Institute of Technology (MIT) und wurde zusammen mit Capgemini Consulting entwickelt.

Hier werden Unternehmen anhand der zwei Dimensionen „*Digitale Intensität*" und „*Intensität des (digitalen) Transformationsmanagements*" eingeteilt. Die Digitale Intensität beschreibt die Investitionen in technologiebasierte Initiativen, die Schaffung neuer interner Prozesse, neues Customer Engagement (bspw. über Chat oder Apps) oder auch die Entwicklung neuer digitaler Geschäftsmodelle. Bei der zweiten Dimension geht es darum, wie viel im Unternehmen getan wird, um die digitale Transformation in der Organisation voranzutreiben. Also bspw. ob es eine klare Vision gibt, wie die digitale Zukunft des Unternehmens aussehen soll oder ob es im Unternehmen bereits Strukturen gibt um die digitale Transformation zu steuern. Ein weiterer Indikator ist die Enge der Beziehung zwischen Geschäftsbereichen/Fachbereichen und der IT, die maßgeblichen Einfluss darauf hat ob und in welchem Tempo Veränderungen umgesetzt werden können. Unternehmen, die eine hohe Intensität des Transformationsmanagements aufweisen investieren insbesondere regelmäßig in den Aufbau und die nachhaltige Weiterentwicklung des (digital) Know-how und der Fähigkeiten des Führungskräfte.

Auf Basis der beiden Dimensionen lassen sich Unternehmen in vier generische Typen in Bezug auf digitale Reife unterscheiden, wie in Abb. 3.6 dargestellt.

Die Unternehmen in der unteren linken Ecke sind digitale Einsteiger. Obwohl die Unternehmen freiwillig zu den Digital-Anfängern gehören, befinden sie sich in den meisten Fällen zufällig in diesem Quadranten.

„**Digital Beginners**" sind Unternehmen, die bislang weder in den Aufbau der digitalen Fähigkeiten noch in die Erstellung von neuen Technologien investierten. Diese Unternehmen setzen sehr zurückhaltend auf digitalen Fähigkeiten, obwohl sie durchaus mit traditionelleren Anwendungen wie ERP und CRM Systemen arbeiten oder bereits die ein oder andere eCommerce Initiative gestartet haben. Die Potenziale der digitalen Transformation werden oft noch nicht gesehen oder das Unternehmen wartet erst einmal bewusst ab. Ggf. sind sie sich der Möglichkeiten nicht bewusst oder beginnen mit kleinen Investitionen, ohne dass ein effektives Transformationsmanagement vorhanden ist.

Abb. 3.6 Digitaler Reifegrad. (Eigene Darstellung in Anlehnung an Westerman et al. 2012)

„**Digital Fashionistas**" sind Unternehmen, die intensiv in Einzelinitiativen investieren. Sie haben die Veränderungsnotwendigkeit erkannt oder experimentieren mit einzelnen Themen, um sich ggf. besser zu positionieren. Dennoch erscheinen die Initiativen oft unkoordiniert und werden frühzeitig gestoppt, da sie nicht den erhofften, schnellen Erfolg bringen. Da Digitalisierungsprojekte oft unkoordiniert und mit halbherziger Unterstützung des Topmanagements ablaufen, verlaufen diese oftmals im Sande. Auch wenn die Aktivitäten von außen oft gut aussehen, fehlt häufig die Vision und Strategie, Synergien zwischen den verschiedenen Initiativen zu generieren. Digital Fashionistas sind motiviert, die digitale Transformation herbeizuführen, aber häufig fehlt es an echtem Wissen darüber, wie man damit auch geschäftlichen Nutzen erreichen kann. Manchmal sind einzelne Geschäftsbereiche bereits in der digitalen Reife weiter fortgeschritten, aber dennoch fehlt an einer einheitlichen und systematischen Vorgehensweise auf der obersten Ebene.

„**Digital Conservatives**" sind Unternehmen, die sich zwar ausführlich mit der Digitalisierung beschäftigen, aber die Vorsicht der Innovation vorziehen. Sie verstehen zwar die Notwendigkeit einer starken übergreifenden digitalen Vision, Mission und Strategie, allerdings sind sie in der Regel skeptisch gegenüber dem Wert neuer digitaler Trends. Sie reagieren daher zurückhaltend und wollen die erste Euphorie abklingen lassen, um später den tiefgreifenden Wandel anzustoßen. Diese Unternehmen laufen damit allerdings Gefahr, dass sie wertvolle Gelegenheiten verpassen und von ihren Wettbewerbern schnell überfahren und verdrängt zu werden.

„Digirati" werden schließlich Unternehmen genannt, die die Veränderungskraft der Digitalisierung voll und ganz verstanden haben, und diese bereits in einer neuen Vision, Mission und übergreifenden Strategie umgesetzt haben. Sie haben hinreichend viele Investitionen in neue geschäftliche Gelegenheiten und Innovationen getätigt und konnten bereits organisationsweit eine „digitale Kultur" etablieren. Diese bildet die Basis, um durch zielgerichtete Investitionen und maßvolle Koordination einen nachhaltigen digitalen Wettbewerbsvorteil auf- und auszubauen.

Das Modell und die branchenübergreifende empirische Forschung des MIT zeigt, dass Unternehmen *unterschiedliche Wege* zu höherer digitaler Reife gehen. *Nike* begann beispielsweise, indem sie digitale Intensität in einzelnen organisatorischen Silos erhöhten. Um dann die Elemente eines organisationsübergreifenden Transformationsmanagements hinzuzufügen, um die Silos miteinander zu verbinden, Synergien und neue (digitale) Fähigkeiten zu schaffen (Beginner zu Fashionista zu Digirati). Der indische Farbhersteller *Asian Paints* hingegen ging den anderen Weg und integrierte die Organisationeinheiten zunächst über gemeinsame digitale Visionen, eine Governance und über die organisationsübergreifende Vermittlung von Digital Knowhow. Dann wurden mittels der neuen Digitalisierungsfähigkeiten zunächst die Kundenschnittstelle, dann die internen Abläufe und letztlich das Geschäftsmodell transformiert (Beginner zu Conservative zu Digirati).

> Die empirischen Ergebnisse zeigen in diesem Zusammenhang – bezogen auf die dort ausgewertete branchenbereinigte finanzielle Performance vor allem eins: Unternehmen mit einer höheren Digitalen Intensität erzielen mehr Umsatz und Unternehmen mit einer höheren Transformation Management Intensität sind profitabler. Digirati übertreffen die Branchenkonkurrenten in verschiedenen Dimensionen der finanziellen Performance bei weitem. Das Ziel sollte insgesamt also sein, sich zum Digirati zu entwickeln und außerdem diese Bewegung schnellstmöglich zu starten – die Studie zeigt nämlich auch, dass die Entwicklung vom Digital Beginner zum Digirati mehrere Jahre in Anspruch nimmt.

Porter's generische Wettbewerbsstrategien
Bei der Diskussion über Wettbewerbsstrategien, kommt man am Standardwerk und dem darin enthaltenen Modell von Porter selbstverständlich nicht vorbei (Porter 1985). Er argumentiert, dass die relative Wettbewerbsposition eines Unternehmens innerhalb seiner Branche bestimmt, ob die Rentabilität eines Unternehmens über oder unter dem Branchendurchschnitt liegt. Die fundamentale Grundlage einer langfristig überdurchschnittlichen Profitabilität bildet hier den *nachhaltigen Wettbewerbsvorteil*.

Vor dem Hintergrund dieser Überlegung gibt es zwei grundlegende Arten von Wettbewerbsvorteilen, die ein Unternehmen besitzen kann: Es kann über die geringsten Kosten in seiner Branche oder über ein bzw. mehrere Differenzierungsmerkmale seines Angebots verfügen. Diese können marktbreit oder auch fokussiert auf eine spezielle Branche angestrebt werden. Somit ergeben sich drei generische Strategien: Kostenführerschaft, Differenzierung und Fokussierung (eigentlich sind es vier, die Fokussierungsstrategie hat zwei Varianten: Kostenfokus und Differenzierungsfokus), wie in Abb. 3.7 dargestellt.

Kostenführerschaft bedeutet, dass sich ein Unternehmen darauf konzentriert, seine Produkte und/oder Dienstleistungen zu den absolut niedrigsten Kosten in der jeweiligen Branche zu produzieren bzw. zu erbringen. Wichtig in diesem Zusammenhang: Es geht um die Kostenführerschaft und nicht um die Preisführerschaft (letztere ist ein Marketing-Instrument) und damit kann es theoretisch eigentlich nur

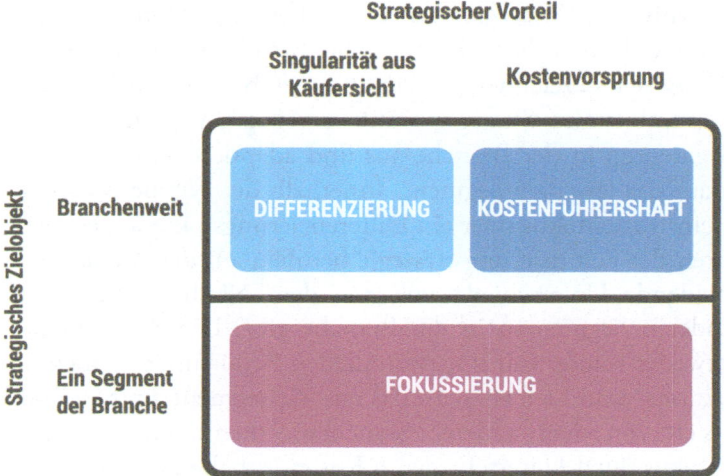

Abb. 3.7 Porter's generische Wettbewerbsstrategien. (Eigene Darstellung in Anlehnung an Porter 1985)

ein Unternehmen pro Branche geben, welches der Kostenführer ist. Die Quellen zur Erzielung von Kostenvorteilen sind vielfältig und hängen von der Struktur der Branche ab. Sie können beispielsweise über Größenvorteile, eigene (Produktions-)Technologien, einen bevorzugten Zugang zu Rohstoffen und andere Faktoren erreicht werden. Wenn ein Unternehmen die Gesamtkostenführerschaft erreichen und aufrechterhalten kann, dann wird es in seiner Branche überdurchschnittlich erfolgreich sein, sofern es auch Preise auf oder nahe dem Branchendurchschnitt erzielen kann.

Differenzierung bedeutet, dass ein Unternehmen versucht, innerhalb der Branche verschiedene Aspekte seines Angebots einzigartig zu machen. Es werden mehrere Attribute der Produkte oder Dienstleistungen ausgewählt, die von vielen Käufern in einer Branche als wichtig empfunden werden, und dann wird versucht, die Bedürfnisse der Kunden auf einzigartige Weise zu erfüllen. Die Einzigartigkeit rechtfertigt einen Premium-Preis.

Fokussierung als Strategie bedeutet, dass das Unternehmen einen engeren Wettbewerbsbereich bzw. eine *Nische* (daher oftmals auch als *Nischenstrategie* bezeichnet) innerhalb einer Branche sucht. Ein Unternehmen mit dieser Strategie wählt ein Segment oder eine Gruppe von Segmenten in der Branche aus und adaptiert seine Strategie dann genau auf das jeweilige Segment. Innerhalb der Nische wird dann entweder ein Kostenfokus oder ein Differenzierungsfokus angestrebt. Beide Varianten der Fokussierungsstrategie beruhen auf der Annahme, dass es entscheidende Unterschiede zwischen dem Nischen-Zielsegment und den anderen Segmenten in der Branche gibt. Die Zielsegmente müssen entweder Käufer mit ungewöhnlichen Bedürfnissen haben oder das Produktions- und Liefersystem, das das Zielsegment am besten bedient, muss sich von dem anderer Branchensegmente unterscheiden. Der Kostenfokus nutzt Unterschiede im Kostenverhalten in einigen Segmenten aus, während der Differenzierungsfokus die speziellen Bedürfnisse der Käufer in bestimmten Segmenten ausnutzt.

Unternehmen, die keine eindeutig definierten Wettbewerbsstrategie verfolgen bezeichnet Porter als „Stuck in the Middle" (engl. „Gefangen in der Mitte"). Diese Unternehmen weisen häufig eine geringere Rentabilität auf als die Spezialisten, die auf eine Marktnische fokussieren oder die großen Generalisten, die den Markt mit einem entsprechenden Wettbewerbsvorteil beherrschen.

> Die grundsätzlichen generischen Strategien sind natürlich auch für die Digitalisierungsstrategie relevant. So können digitale Technologien im Sinne der Kostenführerschaft helfen, interne Prozesse und Systeme zu verschlanken und durch eine erhöhte Effizienz insgesamt profitabler zu werden. Digitale Technologie in Produkten und Dienstleistungen ist schon fast kein Differenzierungsfaktor mehr, sondern zunehmend geforderter Standard. Allerdings können durch die neuen (direkten) Kommunikationskanäle zu den Kunden, deren Bedürfnisse immer besser eingeschätzt werden.

Business Model Canvas

Auch wenn man die Technologie und vor allem die technologischen Möglichkeiten unbedingt beachten muss, so sollte dies keinesfalls im

Vordergrund stehen. Dies wurde bereits in Kap. 2 diskutiert. Die Technik hintenan zu stellen bedeutet gleichzeitig, dass man sich vornehmlich mit dem „Geschäft" beschäftigt. Wer dies tut kommt an der Diskussion über das Geschäftsmodell (Business Model) nicht vorbei. In diesem Bereich hat sich das sog. Business Model Canvas, als wohl berühmtestes „Business Tool" etabliert (Osterwalder und Pigneur 2010).

Wie in Abb. 3.8 dargestellt besteht das Modell aus insgesamt neun Elementen, die das Geschäftsmodell eines Unternehmen entlang dessen Leistungsversprechen, Kunden und Kundenbeziehungen, Wertschöpfungsmechaniken, sowie finanzieller Perspektive beschreiben. An der Basis des Business Model Canvas stehen einerseits die Einnahmen (Revenue Streams), andererseits die Kostenstruktur. Darüber sind die Schlüsselfunktionen und -elemente angeordnet, die die Unternehmenstätigkeit ausmachen: rechts die Kundensegmente, Kundenbeziehungen und Absatzkanäle, links die Kernaktivitäten und -ressourcen sowie die Zulieferer (Key Partners). In der Mitte steht das Wertversprechen, das mit der Marke und dem Image des Unternehmens verknüpft ist.

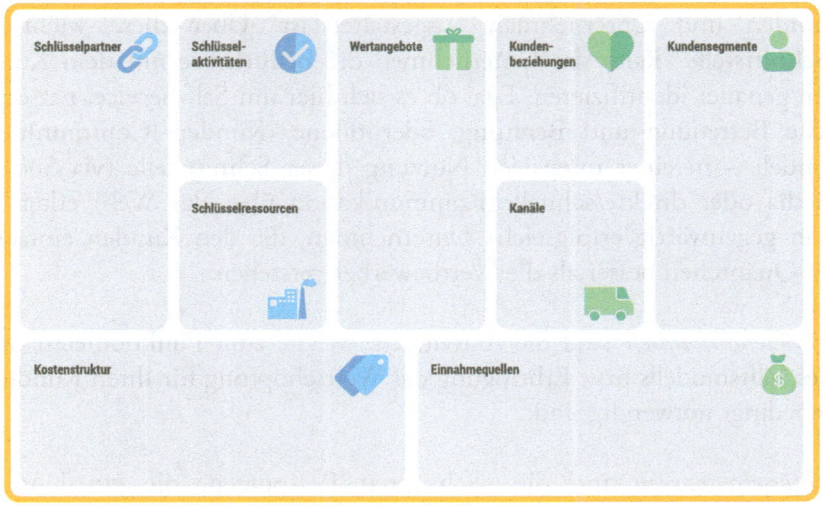

Abb. 3.8 Business Model Canvas. (Eigene Darstellung in Anlehnung an Osterwalder und Pigneur 2010)

Wertangebote beschreiben, wie das Unternehmen die Bedürfnisse der Kunden befriedigt und welche „Art" von Wert es den Kunden liefert. Dieser Wert kann beispielsweise in einer erhöhte Effizienz, zusätzlichem Komfort, erhöhtem sozialen Status oder niedrigere Preise begründet sein. Der Wert muss – kurz gesagt – so hoch sein, dass die Kunden dem Unternehmen dafür einen Preis bezahlen.

Kundensegmente beantworten die Frage, für wen das Unternehmen den Wert erschafft. Normalerweise besteht für jedes Kundensegment ein dediziertes Wertangebot, ansonsten würde die Aufteilung keinen Sinn machen. Im Umkehrschluss sollte man sich ggf. Gedanken zur Aufteilung der Segmente machen, um die Definition des Wertangebots zu schärfen.

Kanäle beschreiben, wie der Wert zu den einzelnen Kunden(segmenten) gelangt? Dies umfasst die generelle Vermarktung (Online, Einzelhandel, etc.), gilt aber auch für die konkrete logistische Liefermethode (direkt, indirekt) und After-Sales und Service.

Kundenbeziehungen konkretisieren, wie ist die Beziehung zwischen Kunden und Unternehmen ausgestaltet ist. Über diese wichtige „Schnittstelle" kann das Unternehmen die Bedürfnisse mit dem Kunden genauer identifizieren. Egal ob es sich hier um Self-Service, persönliche Betreuung und Beratung, oder offene (Kunden-)Communities handelt – in einer intensiven Nutzung dieser Schnittstelle (via Social Media oder direkte/schnelle Kommunikation über das Web) erkennt man gegenwärtig erfolgreiche Unternehmen, die den Kunden einfach ein Quäntchen besser als die Wettbewerber verstehen.

Schlüsselaktivitäten sind die Aktivitäten, welche zum Funktionieren des Geschäftsmodells bzw. Erbringung der Wertschöpfung für Ihren Kunden unbedingt notwendig sind.

Schlüsselressourcen sind die wichtigsten Ressourcen, die ein Unternehmen dazu benötigt. Dies sind insbesondere auch besondere Kenntnisse, Know-how, eine spezielle (IT-)Infrastruktur oder auch finanzielle Ressourcen.

Schlüsselpartner sind die Partner, mit denen das Unternehmen die Wertschöpfung gemeinsam gestaltet. Neben Lieferanten sind dies auch Partner im Rahmen von Joint Ventures Konstrukten oder ggf. Startups, mit denen das Unternehmen zusammenarbeitet bzw. beteiligt ist.

Einnahmequellen beschreiben konkret, in welcher Form der Wert erbracht wird bzw. wie das Unternehmen Umsätze generiert. Diese können aus Abonnement-Gebühren, Auktionen, Miete, Werbung oder dem Verkauf stammen.

Kostenstruktur beinhaltet schließlich die für die Schaffung und Lieferung des Wertes für den oder die Kunden anfallenden Kosten. Diese beziehen sich maßgeblich auf die Schlüsselaktivitäten und die Schlüsselressourcen.

In erster Linie propagiert dieses populäre Modell eine geänderte Perspektive auf die Funktionsweise von Unternehmen. Die grundsätzliche Idee ist, immer vom Kunden her zu denken und zu definieren, welchen Wert das Unternehmen (für den Kunden) erzeugt. Im Endeffekt ist der Wert eines Produktes oder einer Dienstleistung genauso hoch wie der Preis, den die Kunden bereit sind, dafür zu bezahlen. Wert wird immer dann erzeugt, wenn ein Unternehmen eine Aufgabe für einen Kunden oder eine Kundengruppe erledigt („Jobs to be done"), gewisse unerwünschte Dinge verhindert („Pain reliever") oder gewisse gewünschte Dinge ermöglicht („Gain creators"). Zur Strukturierung letzterer bietet sich das sogenannte *„Value Proposition Canvas"* an (Osterwalder et al. 2014).

Jedes der Elemente im Business Model Canvas kann sich ändern, aber der entsprechende Faktor als solcher ist immer vorhanden. Insofern ist das Modell ein gutes generisches Abbild, das auf die meisten Unternehmen und Geschäftsmodelle zutrifft. Je dynamischer ein Unternehmen sich innerhalb dieser Teilbereiche verändern kann, d. h. je flexibler es aufgestellt ist, umso besser kann es auf veränderte Marktbedingungen reagieren.

Entscheidend ist die Fähigkeit zu erkennen, in welchem Bereich man sich gegebenenfalls verändern sollte *("Business Model Innovation")*. Ein bekanntes Beispiel ist Netflix: Seine Wandlung vom Video-Verleiher zum Streaming-Anbieter hat das Potenzial, das konventionelle Fernsehen weitgehend zu verdrängen. Ein neues Geschäftsmodell – und ein neues Wertversprechen – hat hier nicht nur das Unternehmen selbst, sondern sein gesamtes Marktumfeld umgekrempelt. Die deutsche Post hat sich von einer Behörde in ein weltweites Logistikunternehmen verwandelt – inklusive Kontraktlogistik und Lagerdienstleistungen im Dienste des Onlinehandels – und damit seine Kernkompetenzen weg vom verlustreichen Briefgeschäft hin zu den einträglicheren Logistiksparten des Internetzeitalters verschoben. Viele Softwareanbieter haben ihre Vertriebsmodelle auf Software-as-a-Service Modelle umgestellt, um ihren Einnahmenzustrom zu stabilisieren und finanziell nicht mehr vom Kampf, um jede Einzellizenz abhängig zu sein; zugleich wird ihre Software für viele Nutzer dadurch erschwinglicher.

> Das Business Model Canvas ist ein sehr übersichtliches Business Tool und das Arbeiten mit den neun Elementen kann sehr sinnvolle Ergebnisse liefern. Für die Kommunikation einer neuen Strategie auf allen Ebenen des Unternehmens sind neun Elemente jedoch zu detailliert, da dies die Gefahr der Überforderung birgt. Außerdem wird das Modell oftmals auch nur oberflächlich angewandt und verkümmert so zur lieblosen Ansammlung von nichtssagenden Bullet-Points.

3.2 Der Digital Navigator

Die Grundkriterien für das Modell waren *Einfachheit – Klarheit – Verständlichkeit*. Vor allem, weil die Digitalisierung jeden betrifft und eine erfolgsversprechende Digital-Strategie daher auch idealerweise jeden – auf allen Ebenen – in der Organisation ansprechen sollte. Jeder soll sofort verstehen, worum es geht und was das Management beabsichtigt.

Die Quintessenz aus den in Abschn. 3.1 angegebenen Modellen, gepaart mit den in Kap. 2 diskutierten Ansatzpunkten für die Digitalisierung legen drei Hauptbereiche oder Kernaspekte nahe, in die eine Organisation aufgeteilt werden kann, zur Gliederung der Digitalisierungsaufgabe. So ist in der Beratungspraxis das in Abb. 3.9 dargestellte Modell des „Digital Navigator" entstanden.

Abb. 3.9 Digital Navigator Modell. (Eigene Darstellung)

Das Modell hat sich vielfach im Kundeneinsatz bewährt. Die drei Dimensionen bzw. Handlungsfelder dieses Modells – geschäftsmodellspezifische, organisationsspezifische und kunden- bzw. produktspezifische Digitalisierung – bilden die schematischen Basis für alle weiteren Betrachtungen und die Strukturierung der Digitalisierungsstrategie.

Die kundenspezifische Digitalisierung
Am zugänglichsten ist der Bereich der „kunden- bzw. produktspezifischen Digitalisierung": Hier geht es um die Interaktion mit Kunden, die optimale Präsentation der Produkt- oder Dienstleistungspalette, die Kundennähe usw.

Es ist der von außen wahrnehmbare Teil des Unternehmens und seines Geschäftsmodells – hier „docken" die Kunden an. Die Customer Experience („Kundenerlebnis") bzw. Customer Journey („Reise des Kunden") steht hier im Mittelpunkt. Aber hier soll auch das

Wertangebot in Form der Produkte und Dienstleistungen auf mögliches Optimierungspotenzial durch digitale Technologien überprüft werden.

Erfahrungsgemäß fällt es Unternehmen, die erste Gehversuche in Richtung digitale Transformation unternehmen, am leichtesten, mit dieser Dimension zu beginnen und hier auch „Quick Wins" zu generieren, die den Gesamtprozess in Fahrt bringen (vgl. Kap. 5 und 6). Jeder Vertriebsbeauftragte oder Verkäufer hat schließlich vielfach gehört, was Kunden wünschen, was sie begeistert oder worüber sie sich am häufigsten beschweren. Das Unternehmen kennt also die Stellschrauben, bei denen man ansetzen und Optimierungspotenziale identifizieren kann. Customer-Relationship-Management (CRM) gibt es schon lange, und heute lassen sich mit marktgängigen Mitteln viele ergänzende Möglichkeiten erschließen, Kundenwünsche effektiver in Erfahrung zu bringen und besser zu erfüllen. Schließlich gilt nach wie vor das eherne Gesetz: Was den Kunden überzeugt, dient dem Ansehen und der Attraktivität des Unternehmens und seiner Angebote.

Organisationsspezifische Digitalisierung
Während die kunden- und produktspezifische Digitalisierung den Blick auf die Außenwelt, das Marktgeschehen, richtet und daraus Schlüsse für eine sinnvolle Umgestaltung des Produktangebots und der Produktion zieht, betrifft die organisationsspezifische Digitalisierung das gesamte Innenleben des Unternehmens.

Die oben geschilderten Möglichkeiten zur kunden- und produktspezifischen Digitalisierung wirken sich zwangsläufig auf das Innenleben eines Unternehmens aus. Im Zuge der digitalen Neuausrichtung müssen Prozesse neu definiert und implementiert, neue Zuständigkeiten und Rollen geschaffen, Organisationseinheiten neu strukturiert werden – und vor allem entsprechendes Know-how aufgebaut werden. Online- und Social-Media-Marketing etwa erfordert entsprechende Verantwortliche und Kompetenzen, und das gleiche gilt für die Erstellung und Pflege von Online-Inhalten einschließlich Multimedia.

Neben organisatorische Anpassungen, die als Konsequenz kunden- bzw. produktspezifischer Digitalisierungsmaßnahmen notwendig werden, treten Initiativen, die sich aus dem technologischen Wandel und den damit verbundenen Möglichkeiten zur Kosteneinsparung und Effizienzsteigerung ergeben. Hier geht es einerseits um das Aufdecken von Effizienzmängeln und Schwachstellen im Prozessgefüge von der Verwaltung über die Beschaffung bis zur Planung, andererseits um die Definition neuer Aufgabenbereiche. Optimierungspotenziale lassen sich z. B. auch bei den Entscheidungswegen und der Interaktion zwischen Zuständigkeitsbereichen und Abteilungen feststellen. Siloartige organisatorische Strukturen sind meist auch in Datensilos und disparaten IT-Landschaften zementiert und behindern eine enge Kooperation und Vernetzung. Vorhandene Prozesse einfach mit digitalen Mitteln auszustatten ist nur sinnvoll, wenn die Prozessqualität einer kritischen Überprüfung standhält.

> Wenn man einen mangelhaften Prozess „digitalisiert", entsteht nichts weiter als mangelhafter digitaler Prozess und man ist keinen Schritt weitergekommen.

Geschäftsmodellspezifische Digitalisierung
Die Diskussion von Optimierungsmöglichkeiten in den beiden bereits besprochenen Handlungsfeldern führt unweigerlich dazu, dass das Geschäftsmodell zumindest ergänzt oder sogar insgesamt infrage gestellt werden muss. In der Regel wird man zunächst das Augenmerk auf die beiden ersten Dimensionen der Digitalisierung richten und erst nach einiger Zeit, wenn sich erste Ergebnisse und neue Perspektiven abzeichnen, das Geschäftsmodell modifizieren oder ergänzen. Die neuen Technologien setzen oft Kräfte frei und ermöglichen weitere Geschäftsfelder.

Dies entspricht der Entwicklung von *„Blue-Ocean-Strategien"* (vgl. Kim et al. 2018; Kim und Mauborgne 2015). Hier ist die grundsätzliche Idee, dass es bezogen auf Absatzmärkte zwei unterschiedliche „Ozeane" gibt: rote und blaue Ozeane. Die roten Ozeane, das sind alle heute existierenden Industrien. Und diese sind bekanntermaßen (Globalisierung etc.) zunehmend durch intensiven Wettbewerb gekennzeichnet. Die blauen Ozeane sind dagegen alle heute *nicht* existierenden Industrien; sie sind unberührt und unangefochten. Diese unberührten Weiten warten nur darauf entdeckt und erschlossen zu werden. Wer in einem hart umkämpften Markt um seine Existenz ringt, kann manchmal durch eine Blue-Ocean-Strategie ein alternatives Tätigkeitsfeld erschließen und sich eine zweite Geschäftsbasis schaffen. Es lohnt sich, darüber von Zeit zu Zeit nachzudenken.

3.3 Fazit zu Kap. 3

Digitalisierung ist eine strategische Aufgabe. Dabei sollte sie niemals Selbstzweck sein und die grundsätzliche Unternehmensstrategie unterstützen. Sie kann diese jedoch auch verändern. Um die strategische Aufgabe der Digitalisierung zu strukturieren und als Türöffner für digitale Transformationsinitiativen kann ein grafisches Modell nutzbringend sein. Wichtig sind hier vor allem die Einfachheit, Klarheit und Verständlichkeit des Modells.

Bestehende Modelle können zwar interessante Phänomene und periphere Problemstellungen wiedergeben, bieten jedoch keine konkrete Orientierungshilfe für praktisches Handeln. Der Digital Navigator unterteilt das Unternehmen und seine „Digitalisierung" in drei Handlungsfelder: geschäftsmodellspezifische, organisationsspezifische und kunden- bzw. produktspezifische Digitalisierung. In jedem dieser Handlungsfelder kann, von den dort relevanten Themen ausgehend, der konkrete Handlungsbedarf ermittelt werden und zudem kann abgeleitet werden mit welchen Mitteln die Optimierungen erzielt werden können. Die drei Handlungsfelder beeinflussen einander generell und sind auch nicht zu 100 % trennscharf. Alle Veränderungen im kunden- bzw. produktspezifischen und im organisationsspezifischen Bereich geben Anlass zur Überprüfung des Geschäftsmodells auf seine Zukunftsfähigkeit und letztlich zur Innovation auch in diesem Bereich.

Durch die grafische Darstellung schafft der Digital Navigator einen Orientierungsrahmen für die Planung und Durchführung von Digitalisierungsmaßnahmen und damit eine Kommunikationsbasis für alle Beteiligten auf dem Weg zum digitalen Unternehmen. Wie dieser konkret eingesetzt werden kann folgt im zweiten Teil.

Literatur

Burmester, R., & Vahs, D. (2005). *Innovationsmanagement – Von der Produktidee zur erfolgreichen Vermarktung* (3. Aufl.). Stuttgart: Schäffer-Poeschel.

Chesbrough, H. W. (2006). *Open innovation – The new imperative for creating and profiting from technology* (First Trade Paper). Brighton: Harvard Business Press.

Christensen, C. M., Raynor, M., & McDonald, R. (2015). What is disruptive innovation? Twenty years after the introduction of the theory, we revisit what it does – And doesn't – Explain. *Harvard Business Review, 93*(12), 44–53.

Cooper, R. (1994). Third generation new product process. *Journal of Product Innovation Management, 11*, 3–14.

Cooper, R. (1996). Overhauling the new product process. *Industrial Marketing Management, 25*, 465–482.

Cooper, R. G., & Kleinschmidt, E. J. (1990). *New products: The key factors in success*. Chicago: American Marketing Association.

Foster, R. N. (1986). *Innovation: Die technologische Offensive*. Wiesbaden: Gabler.

Gartner. (2019). Gartner hype cycle. https://www.gartner.com/en/research/methodologies/gartner-hype-cycle. Zugegriffen: 16. Juli 2019.

Herstatt, C., & Verworn, B. (2007). *Management der frühen Innovationsphasen*. Wiesbaden: Gabler.

Hughes, G., & Chafin, D. (2003). Turning new product development into a continuous learning process. *Journal of Product Innovation Management, 13*, 89–104.

Kim, W. C., & Mauborgne, R. (2015). *Blue ocean strategy, expanded edition – How to create uncontested market space and make the competition irrelevant*. Watertown: Harvard Business Review Press.

Kim, W. C., Mauborgne, R., & Köster, L. (2018). *Blue Ocean Shift – Jenseits des Wettbewerbs* (1. Aufl.). München: Vahlen.

Little, A. D. (2013). *Management der F&E-Strategie*. Wiesbaden: Gabler.

Osterwalder, A., & Pigneur, Y. (2010). *Business model generation – A handbook for visionaries, game changers, and challengers.* Hoboken: Wiley.

Osterwalder, A., Pigneur, Y., Bernarda, G., & Smith, A. (2014). *Value proposition design – How to create products and services customers want.* Hoboken: Wiley.

Porter, M. E. (1985). *Competitive advantage.* New York: The Free Press.

Satell, G. (2017a). *Mapping innovation: A playbook for navigating a disruptive age* (1. Aufl.). New York: McGraw Hill Professional.

Satell, G. (2017b). The 4 types of innovation and the problems they solve. *Harvard Business Review, 6/2017*, 1–6.

Ulrich, K. T., & Eppinger, S. D. (1995). *Product design and development.* New York: McGraw-Hill.

Westerman, G., Maël, T., Bonnet, D., Ferraris, P., & McAfee, A. (2012). *The digital advantage: How digital leaders outperform their peers in every industry* (Capgemini Consulting and the MIT Center for Digital Business global research).

Teil II
Ein Leitfaden für die praktische Umsetzung

Der zweite Teil dieses Buchs skizziert – im Sinne eines Leitfadens – die konkrete Vorgehensweise zur Gestaltung der Digitalen Transformation mit dem Digital Navigator. Ziel ist es, den Leser an die Hand zu nehmen und konkret aufzuzeigen was im Einzelnen zu tun ist. Zwar kann der Digital Navigator als wichtiger „Kompass" fungieren, aber nur in Zusammenspiel mit der entsprechenden „Landkarte" wird er zum sinnvollen Wegweiser. Dazu muss zunächst die Landkarte bestimmt werden. Die „Landkarte" der Digitalen Transformation bilden die zur Auswahl stehenden Technologien und Geschäftsmodelle. Danach geht es um die Vehikel zur Umsetzung (Methoden) und schließlich um das angestrebte Ziel (Organisationsgestaltung). Darauf aufbauend wird skizziert, wie der Digital Navigator in der Praxis verwendet werden kann. Zum Abschluss folgen ein paar generelle Prinzipien, die eine erfolgreiche Umsetzung versprechen.

4

Elemente einer Digitalisierungsstrategie

> *Strategy without tactics is the slowest route to victory.*
> *Tactics without strategy is the noise before defeat.*
> Sun Tzu

Ohne klare Strategie bzw. Richtungsvorgabe irrt man früher oder später ziellos umher – auch wenn man die besten und angesagtesten Methoden (*„Taktiken"*) einsetzt. In diesem Sinn sollte man sich zuallererst seiner *Strategie* klar sein bevor man Kooperationen mit Start-ups initiiert, Inkubatoren aufbaut, jede zweite Woche einen Hackathon veranstaltet oder plötzlich überall Scrum Teams etabliert. Das in Kap. 3 vorgestellte Modell des „Digital Navigator", welches 3 Bereiche für die Digitalisierung vorschlägt kann genau dazu dienen, indem Ideen, Initiativen und Projekte darin kategorisiert werden können. Sie bilden die *Inhalte der Digitalisierungsstrategie*. Welche Inhalte das sein können bzw. wo man nach ihnen suchen kann, wird im Folgenden kurz beleuchtet. Dann folgt eine Übersicht der gängigen *Werkzeuge und Methoden,* mit denen man Digitalisierungsprojekte voranbringen kann, gefolgt von einem differenzierten *Zielbild* einer geeigneten Organisationsgestaltung für die digitale Transformation.

4.1 Digitale Technologien und Geschäftsmodelle

Angelehnt an die grundlegenden Überlegungen aus Kap. 1 werden die Inhalte der Digitalstrategie durch ein Zusammenspiel von *Technologie* und *Geschäftsmodell* determiniert (vgl. insbesondere Abb. 2.3). Daher sollen im Folgenden kurz die wichtigsten Technologie-Trends und die – im Kontext der Digitalisierung – vielversprechendsten Geschäftsmodelle aufgelistet und kurz und knapp umrissen werden. Diese Auflistung soll als Inspiration bzw. mögliches Suchfeld dienen und erhebt in keiner Weise Anspruch auf Vollständigkeit.

Digitale Technologien

Zur Identifikation Erfolg versprechender digitaler Technologien lohnt sich ein Blick in den jeweils aktuellen „Hype Cycle" des Beratungsunternehmens Gartner (vgl. Gartner 2019, das Modell wurde in vgl. Kap. 3 grundsätzlich vorgestellt). In den letzten Jahren dominieren bei den vielversprechendsten Technologien insbesondere der Softwarebereich, während Hardware zunehmend zur Ressource degradiert wird. Dies wurde bereits in Kap. 2 mit Verweis auf Andreessen's „Software eats the world" (Andreessen 2011) angesprochen: Die *Intelligenz heutiger Innovationen liegt in der Software* und nicht in der Hardware. In besonderem Maße sind hier Innovationen zu nennen, welche die Mensch-Maschine-Schnittstelle verbessern, die Analyse und Verarbeitung großer Datenmengen optimieren oder Daten kombinieren, um neues Wissen zu erzeugen.

Dementsprechend sind hier die Schlagworte *Augmented, Mixed* und *Virtual Reality, Big Data* und natürlich *künstliche Intelligenz* (KI, engl. artificial intelligence" = „AI") zu nennen. Aber auch die sichere Ablage und Übermittlung von Daten und Informationen spielt eine zunehmende Rolle. Im Sinne der Informationssicherheit sollten hier die Ziele Vertraulichkeit, Integrität und Verfügbarkeit (engl. „confidentiality, integrity, and availability" = „C.I.A."[1]) eine maßgebliche Rolle spielen. Zur Umsetzung

---

[1]C.I.A. bezieht sich auf die grundsätzlichen Ziele der Informationssicherheit. Vertraulichkeit bedeutet, dass das System den Zugang zu den Informationen einschränkt; Integrität ist die Zusicherung, dass die Informationen im System vertrauenswürdig und korrekt sind; und die Verfügbarkeit ist die Garantie eines zuverlässigen Zugangs zu den Informationen durch autorisierte Personen.

solcher „sicheren" Systeme erfreuen sich insbesondere Anwendungen auf Basis der *Blockchain*-Technologie zunehmender Beliebtheit.

Künstliche Intelligenz versucht eine Automatisierung von „intelligentem" Verhalten (d. h. komplexen, aber rationalen menschlichen Lern- und Assoziationsvorgängen) zu erzielen. Die Begriffsdefinition und eine genaue Abgrenzung sind vor allem auch deshalb schwierig, weil eine genaue Definition des Begriffs „Intelligenz" schwierig ist. So sind „lernende Systeme" oft nicht intelligent im klassischen Sinne, da sie auf der Erkennung von Mustern basieren, welche vorher in das System eingebracht wurden. Durch solche Systeme sind nur sehr eng eingegrenzte Probleme lösbar (sogenannte *„schwache KI"*).

Die in Science-Fiction vorkommende *„starke KI"* dagegen wäre ein Computersystem, dessen Intelligenz, mit der von Menschen vergleichbar wäre, sodass Maschinen auf einer Ebene mit Menschen kommunizieren, zusammenarbeiten und diese bei der Lösung von schwierigen Problemen unterstützen könnten. Damit solche Systeme als intelligent gelten, müssten sie den sogenannten Turing-Test überstehen (vgl. Turing 1950) – dies ist allerdings bis heute noch nicht vollumfänglich gelungen. „Zum Glück" möchte man sagen, denn zum Zeitpunkt, an dem Maschinen genauso lernfähig wie wir Menschen sind (sog. „Singularity"), beginnt wohl ein nicht abschätzbares neues Zeitalter.

Heute dominieren Anwendungen der „schwachen KI", und dies wird vermutlich auch noch auf längere Sicht so bleiben. Aber auch schwache KI bietet bereits schier grenzenlose Anwendungsmöglichkeiten. KI wird derzeit vor allem im Bereich der sogenannten „Advanced Analytics" eingesetzt. Dabei handelt es sich um Anwendungen, die innerhalb eines begrenzten Kontextes eine autonome oder halbautonome Untersuchung von Daten durchführen bzw. Inhalte interpretieren. Die dabei gewonnenen Erkenntnisse gehen weit über die durch traditionelle Datenauswertung möglichen Einblicke, Vorhersagen und Empfehlungen hinaus. Dazu gehören auch die Themenfelder *Spracherkennung, Verarbeitung und Übersetzung,* die uns komplett neue Möglichkeiten der Kommunikation und Interaktion ermöglicht.

Aber auch KI als Plattformservice (eher Geschäftsmodell als Technologie) stellt eine äußerst spannende Entwicklung dar – vor allem, weil die Technologie damit einer breiteren Masse an Anwendern zugänglich wird.

Virtual, Augmented und Mixed Reality sind Technologien, bei denen spezielle Brillen (Oculus Rift, Microsoft HoloLens, Google Glass etc.) entweder komplette dreidimensionale virtuelle Realitäten (VR) oder Einblendungen in das reale Sichtfeld ermöglichen. Als VR-Brille lassen sich auch hinreichend große und leistungsfähige Smartphones zusammen mit einem hierfür vorgesehenen VR-Brillenrahmen und einer geeigneten App verwenden. Zur 3D-Darstellung unterteilt man das Smartphone-Display. Augmented Reality (AR) ergänzt die Virtual-Reality-Darstellung durch eingeblendete Zusatzinformationen oder Objekte. Modernere Brillen können zudem auch sprachlich gesteuert werden. „Mixed Reality" ist eine Wortschöpfung von Microsoft, die meist synonym zu „Augmented Reality" verwendet wird.

Für diese Technologien bieten sich zahlreiche industrielle Anwendungsmöglichkeiten. Besonders effektiv ist z. B. die Fernwartung: Anstatt den Werkstechniker für teures Geld zum Kunden reisen zu lassen, leitet der Werkstechniker den Techniker des Kunden mit Hilfe von VR/AR-Technik bei der Wartungsmaßnahme an. Auch im Bereich der Anlageninspektion werden bereits VR/AR-Verfahren angewendet, beispielsweise auf Ölbohrplattformen und Schiffen.

Augmented-Human-Technologien gehen noch einen Schritt weiter – hierbei handelt es sich allgemein um am Körper tragbare Ausrüstung, die die kognitiven oder physischen Möglichkeiten des menschlichen Körpers erweitert. Diese noch sehr jungen Technologien sollen einerseits in der Orthopädie eingesetzt werden, wo sie Menschen mit Behinderungen helfen Tätigkeiten auszuführen, zu denen sie sonst nicht im Stande wären, aber auch in der Industrie, wo sie z. B. die Körperkraft erhöhen und Belastungsschäden vermeiden können (mechanische Exoskelette). In der Entwicklung befindet sich auch „Roboterhaut", die so empfindlich wie menschliche Haut auf Berührungen reagiert (Panetta 2019). Augmented-Human-Technologien ergänzen somit VR/AR durch

Virtualisierung bzw. Erweiterung der Interaktion des Menschen mit seiner Umgebung.

Die Blockchain- bzw. Distributed Ledger Technologie (DLT) verkettet aufeinander folgende computergestützte Transkationen und deren Protokollierung dergestalt, dass eine nachträgliche Änderung und damit jede Manipulation der Aufzeichnung praktisch unmöglich ist. So kann theoretisch jeder Teilnehmer die Validität der Einträge selbst überprüfen. Diese „absolute Transparenz" ist der wichtigste Vorteil der Blockchain. Beim Einsatz im öffentlichen Internet werden zudem weit über das Web verteilte Rechnerressourcen genutzt, die zahlreiche identische Kopien der gleichen Transaktionskette speichern, sodass eine an einem Punkt vorgenomme neue Transaktion auch von allen anderen Instanzen der gleichen Blockchain mitvollzogen wird.

Die Technologie ist insbesondere für Finanztransaktionen von Interesse, weil sie Geschäftsvorgänge lückenlos und fälschungssicher macht. Allerdings erfordert sie enorme Rechner- und Energieressourcen und ist daher umstritten. Im begrenzen Umfeld eines Unternehmens ist der Ressourcenaufwand jedoch beherrschbar, weshalb die Blockchain-Technologie hier sehr interessante Perspektiven bietet. Eine der berühmtesten Anwendungen ist sicherlich die Kryptowährung *Bitcoin*. Spätestens nachdem sie nach rasanter Wertsteigerung Ende 2018 einen Crash erlebte, ist sie in Verruf geraten. Versuche der Wirtschaft, „offizielle" Kryptowährungen einzuführen, stoßen auf hohe Skepsis bei den Notenbanken, da sie die Gefahr einer Unkontrollierbarkeit des internationalen Währungssystems in sich bergen. Es ist deshalb davon auszugehen, dass die Zentral- und Notenbanken Kryptowährungen aus hoheitsrechtlichen Gründen bis auf Weiteres unterbinden werden.

In der industriellen Praxis bietet sich das Blockchain-Prinzip überall da an, wo Transaktionsketten revisionssicher und nachverfolgbar erfasst werden müssen. Dies kann im juristischen und notariellen Bereich ebenso von Interesse sein wie in Buchhaltung und Zertifizierung oder bei der Verfolgung des Produktionsprozesses z. B. in der Pharmazie, der Lebensmittelerzeugung oder der Herstellung und Wartung hochgradig sicherheitsrelevanter Bauteile wie z. B. für Flugzeugtriebwerke.

Potenziell könnten sich auf dieser Basis *digitale Ökosysteme* entwickeln, die eine Vielzahl von Akteuren – Unternehmen, Anlagen, Produkte, Dokumente, Personen usw. – miteinander vernetzen und die traditionellen *Wertschöpfungsketten durch dynamische Wertschöpfungsnetzwerke* mit weltweit verteilten Akteuren ersetzen.

Das „Internet der Dinge" bzw. das „Internet of Things" (IoT) bezeichnet die Vernetzung von physischen und virtuellen Gegenständen über das Internet. Ziel dieser Vernetzung ist die (automatisierte bzw. autonome) funktionale Koordination dieser Objekte. Ein berühmtes Beispiel ist der Kühlschrank, der mittels Sensorik erkennt, ob die Milch leer ist und diese direkt online bestellt, da er über das Internet mit einem Onlineshop verbunden ist. Im industriellen Kontext, also im Bereich des „Industrial IoT" (IIoT), ergeben sich undenkbar viele Anwendungen, wenn beispielsweise Produktionsmaschinen lokale Materialbestände überwachen und dadurch automatisierte Kanban-Pull-Systeme triggern können. Die Sammlung der erzeugten Daten, in Kombination mit den bereits erwähnten Analysemethoden, ermöglicht es ganze Supply-Chains und Produktionssysteme zu optimieren und Prognosen in Echtzeit zu erstellen, um die Produktion letztlich effizienter und flexibler zu gestalten.

Darüber hinaus bietet das IoT Anlagenherstellern die Möglichkeit, ihre Anlagen dezentral zu überwachen und bei sich abzeichnendem Wartungsbedarf – z. B. durch Verschleiß - rechtzeitig durch vorbeugende Wartung zu intervenieren und somit außerplanmäßige Stillstandszeiten zu vermeiden. Die Möglichkeit der kontinuierlichen Fernüberwachung ist außerdem ein Faktor in der zunehmenden Verbreitung des „as-a-Service" Prinzips auch bei Maschinen: Der Hersteller bleibt Eigentümer der Anlage und vermietet diese lediglich.

Industrie 4.0 ist ein in diesem Zusammenhang oft gebrauchtes Schlagwort, welches durch ein gleichnamiges Projekt der Bundesregierung geprägt wurde und sich auf die oben beschriebene Vernetzung, von Produktionssystemen über das Internet und somit auch über Unternehmensgrenzen hinweg, bezieht. Die Produktionsmaschinen werden zu sogenannten *cyber-physischen Systemen,* d. h. sie werden mit spezieller, netzwerkfähiger Sensorik und entsprechender Aktuatorik ausgestattet und über das Internet vernetzt. Ein weiterer wichtiger Aspekt, der hier zum Tragen kommt, ist die zunehmende Nutzung sogenannter „Digital Twins" (digitaler Zwillinge), exakter digitaler Abbilder von Maschinen bzw. Anlagen, die bereits bei deren Planung angelegt werden. Gekoppelt mit IoT-Daten können diese digitalen Modelle die Diagnose wesentlich erleichtern, zumal sie auch Interdependenzen zwischen Komponenten und Anlagenteilen wiedergeben können. Maschinen existieren in der Industrie-4.0-Welt also *sowohl physisch als auch digital*.

Natürlich gibt es noch eine ganze Reihe von weiteren neuen Technologien, die vielversprechende Anwendungsmöglichkeiten haben, wie z. B. Edge Computing, 3D-Druck im Nanobereich oder auch der neue Mobilfunkstandard 5G. Die jeweilige Anwendung der hier aufgeführten Technologien ist sehr vom jeweiligen geschäftlichen Kontext abhängig. Grundsätzlich können die Technologien in allen drei Bereichen des Digital Navigator zum Tragen kommen. Ferner kann eine solche Liste niemals vollständig sein, da sie zum Zeitpunkt der Erstellung schon wieder veraltet ist.

Es lohnt sich, mit der Entwicklung der technologischen Möglichkeiten Schritt zu halten und ihre Einsatzmöglichkeiten immer wieder zu bedenken. Noch entscheidender ist jedoch deren *geschäftliche* Anwendung in Form verbesserter oder besser neuer Geschäftsmodelle: denn die reine inkrementelle und effizienzgetriebene Innovation schafft auf Dauer kein Wachstum (vgl. dazu in Bezug auf Industrie 4.0 bspw. Matzler et al. 2016 und generell Christensen et al. 2015).

Digitale Geschäftsmodelle
In vielen Bereichen schafft die Digitalisierung die Voraussetzungen für die Entwicklung völlig neuer Geschäftsmodelle. Ein interessanter Sachverhalt hierbei ist, dass man aus der Gesamtheit aller auftretenden Geschäftsmodelle und Geschäftsmodell-Kombinationen der letzten Jahrzehnte 55 erfolgreiche Muster von Geschäftsmodellen ableiten kann. Diese 55 Grundmuster werden sehr gut in dem Buch „The Business Model Navigator" zusammengefasst (Gassmann et al. 2014).

Im Zusammenhang mit dem digitalen Wandel können zweifelsohne alle bewährten und erfolgreichen Geschäftsmodelle der Vergangenheit auch bei der Entwicklung *neuer digitaler Geschäftsmodelle* relevant sein. Im Buch „Digitale Transformation im Unternehmen gestalten" werden die Muster im Hinblick auf die Digitalisierung übersichtlich besprochen (Gassmann und Sutter 2016, Kap. 14).

So muss man *E-Commerce* im Rahmen der digitalen Geschäftsmodelle natürlich zuallererst nennen: Das Anbieten von Produkten oder Dienstleistungen über Online-Kanäle ist sicher keine Innovation mehr, sondern mittlerweile bereits Standard. In den letzten Jahren werden zunehmend auch die Social-Media-Kanäle zum Verkauf genutzt *(Social Media Commerce)*. Das Hauptaugenmerk liegt dabei auf den mobilen Kanälen *(Mobile Commerce)*.

Daneben hat sich längst herumgesprochen, dass *Plattformen* bzw. *mehrseitige Marktplätze* (auch *„Two-Sided Markets"*) die erfolgreichsten Geschäftsmodellansätze sind. Schließlich basieren die weltweit wertvollsten Unternehmen auf diesem Ansatz. Plattformen zielen darauf ab, (direkte) Interaktionen zwischen Produzenten, Konsumenten und ggf. weiterer Marktteilnehmer zu ermöglichen. Die Plattform bildet sozusagen einen mehrseitigen Markt, der die Marktteilnehmer zusammenbringt (Parker et al. 2016). Der Plattform-Anbieter fungiert hier als Intermediär zwischen den Marktteilnehmern. Handelsplattformen wie Amazon, Alibaba oder auch eBay haben schon längst eine globale Reichweite und deren Marktkapitalisierung hat ein Volumen erreicht, wovon in Europa ganze Industrien nur träumen können. Aber auch Werbe-Marktplätze wie Google oder Facebook schlagen jedwede anderen Modelle in diesem Bereich. „Plattformen schlagen Produkte" vor allem, weil sie den Kundenzugang kontrollieren (Parker et al. 2016). Diese Geschäftsmodelle basieren in der Regel auf Netzwerkeffekten: Je mehr Produkte oder Dienstleistungen eine Plattform anbietet, desto mehr Nutzer zieht sie an und hilft ihr, mehr Angebote anzuziehen, was wiederum mehr Nutzer anzieht, was die Plattform dann noch wertvoller macht. Durch das Internet gibt es keine Grenzen in Form von Branchen, Märkten oder Regionen. Dazu gehören in Zukunft auch dezentralisierte autonome Organisationen (DAOs), die unabhängig von Menschen agieren und mittels intelligenter Verträge („Smart Contracts") interagieren. Diese digitalen Ökosysteme entwickeln sich ständig weiter und verbinden sich, was zu neuen Produkten und Möglichkeiten führt.

Plattform-Anbieter spezialisieren sich oftmals auch auf einen einzelnen Abschnitt im Wertschöpfungsprozess, wie bspw. Amazon Web Services (Rechenzentrums und IT-Services), Paypal (Bezahlservices) oder auch Personio (Personalmanagement). Da den Anbietern die Datenplattform gehört, schaffen sie sich damit oftmals auch noch die (Daten-)Basis für den Aufbau zahlreicher weiterer Geschäftsmodelle wie bspw. die Vermarktung der Erkenntnisse aus den *Kundendaten*.

Außerdem hat die Digitalisierung auch jahrhundertealte Geschäftsmodelle wie bspw. *Auktionen* (eBay oder myHammer) revitalisiert, vor allem, weil über die Plattformen unbegrenzt viele Bieter mit globaler Reichweite angesprochen werden. *Crowdfunding* (die Finanzierung einzelner Projekte durch Kleininvestoren über Plattformen wie Kickstarter.com oder Indiegogo.com) und *Crowdsourcing* (bspw. Software-Testing über Online Communities) sind Trends, die sich ebenfalls die große Reichweite des Internets zunutze machen.

Eine weiteres Muster, dass insbesondere im Bereich der Digitalisierung erfolgreich angewendet werden kann ist „*Razor and Blade*" (oder treffender auch „*Bait and Hook*" also Köder und Haken). Nachdem der Kunde den Köder (in Form eines günstigen Basisprodukts) geschluckt hat, hängt er am Haken. Was *Gillette* mit seinen Rasierern erfolgreich gemacht hat und ein wesentlicher Erfolgsfaktor von *Nespresso* war, kann vor allem auch im digitalen Umfeld erfolgsversprechend sein. Häufig wird das Basisprodukt sogar „*for free*" angeboten – ein Upgrade auf *Premium*-Funktionen muss dagegen bezahlt werden („*Freemium*"). Diese Vorgehensweise ist vor allem im „*as-a-Service*" bzw. „*Subscription*" Bereich zu finden. Hat man sich mal an die Services gewöhnt, ist es umso schwerer zu wechseln und so kann man den Kunden an sich binden. Dies kann mit technischen Mitteln noch verstärkt werden, um die Kunden an das eigene Geschäft zu binden (nur die eigenen Rasierklingen, Kaffeekapseln, Dateiformate, usw. sind mit dem Basisprodukt kompatibel). Aber auch einfach nur kostenpflichtige digitale Zusatzservices wie beispielsweise Softwareupdates, die Möglichkeiten zur individuellen Produktanpassung oder der Zugang zu einer exklusiven (Online-)Community können vielversprechende Möglichkeiten sein. Software-technisch sind diese *Add-ons* oftmals durch das Setzen eines Häkchens aktiviert.

Das *Affiliation* Geschäft – bei dem vermeintlich „unabhängige Partner" Provisionen für das Werben oder Verkaufen einzelner Produkte erhalten – hat insbesondere in der Social Media Welt sein Zuhause gefunden. Hier gibt es einige self-made Milliardäre. Daneben ist „*Cross Selling*" (bspw. durch Verlinkung zu weiteren Angeboten), „*Pay-per-use*" (es wird nur für die tatsächliche Nutzung bezahlt) und *White-Labeling* (Vermarktung und Verkauf unter einem anderen Markennamen) schon fast ein „alter Hut". Bei letzterem muss nur das Frontend bzw. User Interface der Software angepasst werden – das ist Minutensache. Ggf. kann man sich dies auch schenken und macht es wie Red Hat oder Mozilla. Diese *Open Source* Softwareanbieter stellen ihren Quellcode frei zugänglich zur Verfügung und nutzen so die Community zur Weiterentwicklung der Produkte. Da sie als Hersteller in der Regel über besonderes Wissen verfügen, können sie dieses dann über entsprechende Dienstleistungen vermarkten.

Schlussendlich kann man festhalten, dass es vor allem die massiv gesunken Transaktions- und Kommunikationskosten sind, welche die Optimierung aller denkbaren Geschäftsmodelle ermöglicht: während beispielsweise *Netflix* anfangs noch Filme auf DVD's per Post verschickt hat, ermöglichte die Streaming-Technologie den Aufbau eines völlig neuen *Abo-Geschäftsmodells* mit globaler Reichweite.

4.2 Die Werkzeuge der Digitalisierung

Während Abschn. 4.1 als Inspiration bzw. „*Suchfeld*" für die Inhalte der Digital Agenda gedacht ist, soll im Folgenden der zur Verfügung stehende „*Werkzeugkasten*" vorgestellt werden. Es gibt eine unübersehbare Vielfalt an Arbeitsmethoden und -philosophien, deren Verfechter oft mit geradezu religiösem Eifer auf ihr „Rezept" schwören. Natürlich gibt es kein Patentrezept, und in jedem Fall muss man viele Methoden kennen, um im konkreten Fall die passende aussuchen zu können.

Das Internet bietet eine Fülle von Informationen zu den etablierten methodischen Ansätzen, sodass sich entsprechende Erörterungen an dieser Stelle erübrigen. Ziel des Abschnitts ist es, einen Überblick über ausgewählte „neue" Arbeitsmethoden und deren Prinzipien zu geben, da dies für das weitere Verständnis wichtig ist. In diesem Sinne werden die wichtigsten Tools kurz skizziert, aber auch hier gilt wie bei den vorherigen Aufzählungen der Verweis auf die jeweils viel bessere und detailliertere Originalliteratur.

Business Model Innovation
Da das Digital Navigator Modell prinzipiell aus dem Grundkonzept des Business Model Canvas abgeleitet wurde ist es sinnvoll, auch das entsprechenden Prozessverständnis zur Entwicklung und Weiterentwicklung von Geschäftsmodellen dieses Konzepts zu betrachten. Prinzipiell schlagen die Autoren einen fünfstufigen Prozess vor, der aus den Phasen *Mobilisieren, Verstehen, Designen, Implementieren und Managen* besteht (Osterwalder und Pigneur 2010). Dieser Prozess hat in den seltensten Fällen einen linearen Ablauf (vgl. Abb. 4.1).

In der ersten Phase steht die Arbeit (in Workshops) mit dem *Business Model Canvas* (vgl. Kap. 3), dem *Value Proposition Canvas* und der

Abb. 4.1 Business Model Innovation Prozess. (Eigene Darstellung in Anlehnung an Osterwalder et al. 2014, The Process of Design Squiggle by Damien Newman, thedesignsquiggle.com)

Untersuchung des *Unternehmensumfelds* im Vordergrund (Osterwalder et al. 2014; Osterwalder und Pigneur 2010). Anschließend geht es um das Design, die Entwicklung und das Testen der Lösungen (Design/Test). Bis schließlich *eine* zufriedenstellende Lösung entwickelt wurde. Auch diese wird kontinuierlich weiterentwickelt und an veränderte Bedingungen angepasst (Evolve).

Der Prozess des „Business Model Navigator" Konzepts besteht aus den vier Schritten *Initiation, Ideation, Integration und Implementation* (Gassmann et al. 2014). D. h., der Prozess startet ebenfalls mit der Analyse und dem Verstehen des bestehenden Geschäftsmodells und der Unternehmens-Umwelt. Danach folgt die Entwicklung von Ideen durch die Adaption ähnlicher Geschäftsmodell-Muster bzw. Konfrontation mit konträren Geschäftsmodell-Mustern. Die Ideen fließen dann in das Design neuer Geschäftsmodelle ein. Die Erkenntnisse münden schließlich im iterativen Aufbau des neuen Geschäfts.

Lean Startup

Die Lean Startup Methode wurde von Eric Ries entwickelt und im gleichnamigen Buch vorgestellt (Ries 2011). Es geht dabei um ein systematisches Vorgehen bei der Gründung von Unternehmen und ist grundsätzlich an eine wissenschaftliche Vorgehensweise wie der Generierung von Hypothesen und das Durchführen von Experiments angelehnt.

Der Ansatz beruht auf der Erkenntnis, dass wir heute nahezu jedes denkbare Produkt schnell und effektiv produzieren können, das gilt vor allem natürlich im Software Bereich. Das Problem ist aber, dass wir immer weniger wissen, ob die Kunden das neue Produkt auch genau in dieser Weise wollen. Eine geeignete (Produkt-)Planung und Prognose funktioniert zudem nur, wenn sie auf jahrelanger Erfahrung und in einer statischen Umgebung aufsetzen: Start-ups fehlt in der Regel beides.

Aus diesem Grund schlägt Ries – und das ist zentral für den Lean-Startup Ansatz – eine sogenannte *„Build-Measure-Learn"* („Bauen-Testen-Lernen") Feedbackschleife vor, um fortwährend Feedback vom Kunden zu bekommen (vgl. Abb. 4.2).

4 Elemente einer Digitalisierungsstrategie

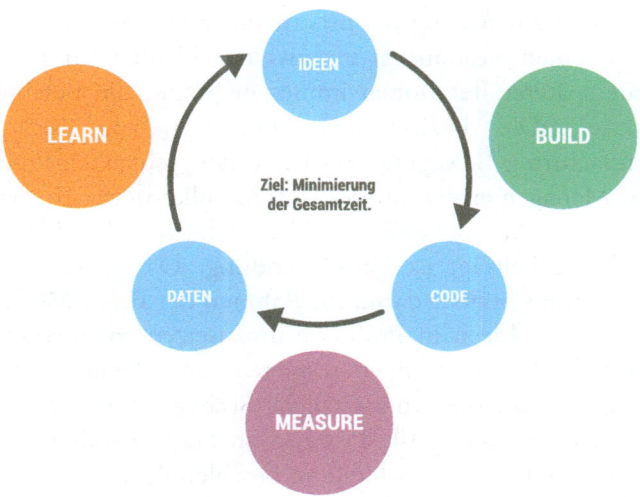

Abb. 4.2 Lean Startup Prozess. (Eigene Darstellung in Anlehnung an Ries 2011)

Die Methode und der zugehörige Prozess bildet ein Vorgehensmodell, um neue Produkte und Geschäftsmodelle schnell, kundenzentriert und erfolgsorientiert zu testen.

Das initiale „Build" findet als *Minimum Viable Produkt („MVP")* statt. Mithilfe des MVP wird der o. a. Feedback- oder Lernprozess so schnell und *so schlank wie möglich* initiiert. Das MVP verzichtet dazu auf alle nicht unbedingt nötigen Funktionen, um das Gelernte jeweils direkt und unverzüglich umzusetzen und in der nächsten Feedbackschleife erneut – im Kundenexperiment – zu überprüfen.

Ein MVP kann auch einfach nur ein Video sein, dass die Funktionsweise eines Produkts zeigt. *Dropbox* – heute über eine Milliarde Dollar wert – testete anfangs so beispielweise die Business Hypothese bzw. Relevanz ihrer Idee (Ries 2011). Doch geht es im Laufe der Iterationen des Prozesses natürlich um viel mehr: Durch den Prozess des validierten Lernens wird das Produkt mithilfe echter Kunden auf diese Weise bis zum optimalen „Product-Market Fit" weiterentwickelt.

Während also am Anfang die unternehmerische Vision steht und es darum geht, einen Vertrauensvorschuss der Kunden zu prüfen, geht es im Laufe späterer Iterationen immer mehr um die Beschleunigung des Prozesses. Die Bezeichnung „Lean Start-up" ist aus der Lean-Manufacturing-Bewegung abgeleitet, der „schlanken Produktion", die auf das Managementsystem des Automobilkonzerns Toyota zurückgeht. Alles was nicht zur Feedbackschleife oder zum Beschleunigen der Feedbackschleife beiträgt ist Verschwendung. Die grundlegende Aufgabe eines Startups besteht darin, im Rahmen der Build-Measure-Learn Feedback-Schleife, Ideen in Produkte umzusetzen, zu messen, wie die Kunden auf die Optimierungen reagieren, und darauf aufbauend zu entscheiden, ob man die grundsätzliche Strategie bzw. Idee weiterverfolgen oder ändern sollte. Alle Prozesse im Startup sollten darauf ausgerichtet sein, die Feedback-Schleife zu beschleunigen.

Das Selbstverständnis der Methode ist ferner, dass man nicht in einer Garage arbeiten muss, um gemäß der Lean Startup Methode zu arbeiten. Mitarbeiter mit der Grundeinstellung eines Entrepreneurs finden sich in jedem Unternehmen, unabhängig von Größe oder Branche. Mit Hilfe des Lean-Startup Ansatzes kann jedes Unternehmen in Richtung stärkerer Lern- und Innovationsorientierung verändert werden. Entrepreneurship bzw. Unternehmertum ist in diesem Verständnis eine Management Disziplin – eine neue Art von Management. Entgegen dem Image des unkonventionellen, Regeln missachtenden, Entrepreneurs ist ein professionelles Management auch im Start-up unabdingbar, da die Organisation und deren Umwelt von permanenten Änderungen geprägt ist.

Es gibt aber einen fundamentalen Unterschied: Der Daseinszweck eines Start-ups ist nicht Produkte herzustellen, Geld zu verdienen oder Kunden zu bedienen. Startups existieren, um zu *lernen, wie man ein nachhaltiges und tragfähiges Geschäftsmodell aufbaut.* Mithilfe fortlaufender (wissenschaftlicher) Experimente können Entrepreneure jede Hypothese ihrer unternehmerischen Vision überprüfen und sie der sich ständig verändernden Umwelt anpassen. Dies ist ein Prozess des validierten Lernens.

Um das unternehmerische Ergebnis zu optimieren müssen auch die „langweiligen" Aspekte des Managements beachtet werden: das Controlling und Messen des jeweiligen Fortschritts und wie man Meilensteine und Prioritäten festlegt. Dies erfordert eine besondere, auf Startups abgestimmte Art der Buchhaltung: die Innovationsbilanz.

Wichtig ist zudem die Erkenntnis, dass Experimente und Kundenbefragungen auch falsche Ergebnisse liefern können: nämlich dann, wenn es sich um besonders innovative Produkt handelt, sodass der Kunde das Produkt zunächst konkret verwenden muss, um einen Nutzen für sich zu entdecken. Genau deswegen ist das MVP so zentral.

Hackathons
Das Ziel eines Hackathon ist es, mit einer kreativen, heterogenen und möglichst interdisziplinären Gruppe an Personen aus unterschiedlichen Bereichen und Hierarchien, zielgerichtet und unter Zeitdruck an Problemen zu arbeiten, die im Tagesgeschäft bisher nicht ohne weiteres lösbar erschienen. Facebook ist bekannt für seine Hackathons und ein berühmtes Beispiel ist beispielsweise der Like-Button, der in einem Hackathon entstanden ist. Zentral für das Konzept scheint das *„Timeboxing"* zu sein: es steht nur eine begrenzte Zeit zur Verfügung und in der Regel wird ununterbrochen an der Problemlösung bzw. der Lösungsgenerierung für ein Thema gearbeitet.

Ein Hackathon hat Event-Charakter und gibt eher weniger Struktur vor, es geht einzig darum, in möglichst kurzer Zeit möglichst viele Ideen zur Lösung eines Problems bzw. zur Ausgestaltung eine Prototyps zu erarbeiten (vgl. Abb. 4.3, teilweise finden mehrere Präsentationsrunden statt).

In vielen Unternehmen finden Hackathons immer wieder in regelmäßigen Abständen oder zu festen Terminen und dann immer zu einem spezifischen Motto statt. Detail-Fragestellungen werden oft auch gemeinsam mit dem Team festgelegt. Bei *DropBox* bspw. werden sogar sogenannte Hack-Weeks veranstaltet, bei denen mehrere Tausend Mitarbeiter eine komplette Arbeitswoche Zeit bekommen, um fernab des Tagesgeschäfts gemeinsam an spezifischen Projekten zu arbeiten.

Am Ende des Hackathons bekommen alle Teams die Gelegenheit ihre Ideen, Produkte bzw. Lösungen zu präsentieren. Dabei kann die Form der Präsentation frei gewählt werden – ggf. werden auch

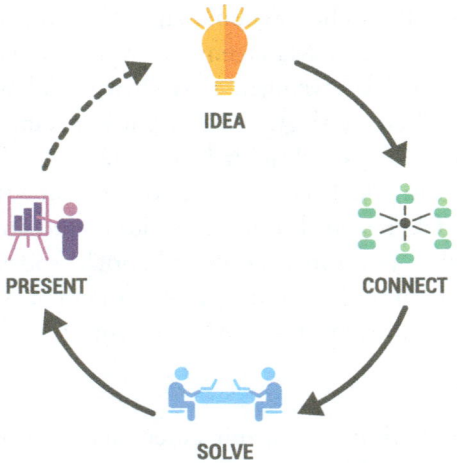

Abb. 4.3 Komponenten eines Hackathons. (Eigene Darstellung)

komplette *Pitch Decks* erstellt (s. u.). Sinnvoll ist es, wenn das Top Management bei der Präsentation teilnimmt, um dem Team entsprechende Wertschätzung zu signalisieren.

Pitch Deck und Pitching Competition
Die Erstellung von Pitch Decks bzw. das Pitchen (als Wettbewerb) kommt eigentlich aus dem Start-up Bereich.[2] Beim Pitch (engl. für „Aufschlag") kann man zwischen dem Elevator Pitch und dem Start-up Pitch unterscheiden. Während der Elevator Pitch ca. 30 s lang sein sollte (also die Länge der Fahrt in einem Fahrstuhl), darf der Start-up Pitch auch bis zu 10 min dauern, je nach Format der Veranstaltung. Mit dem Pitch versuchen Gründer innerhalb der sehr kurzen Zeit, Investoren von ihrer Geschäftsidee zu überzeugen.

Pitch Deck bezeichnet die Präsentationsfolien des Pitches und kann dabei beispielsweise der in Abb. 4.4 gezeigten Struktur folgen.

---

[2]Bzw. Sales Bereich als sog. „Sales Pitch".

4 Elemente einer Digitalisierungsstrategie

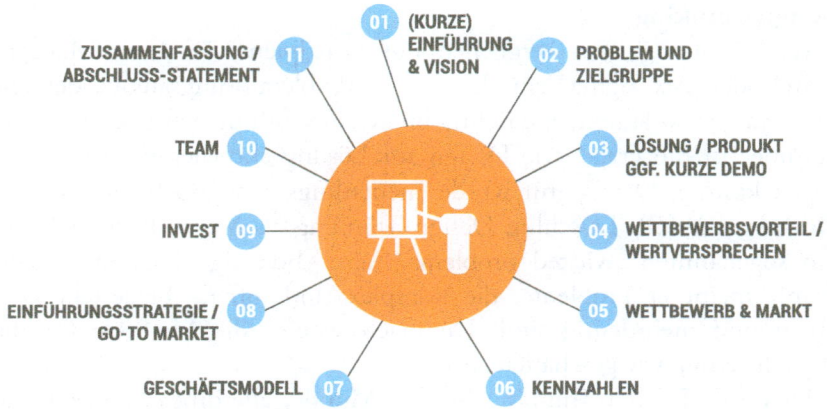

Abb. 4.4 Struktur eines Pitch Decks. (Eigene Darstellung)

Zu Beginn kann der Elevator Pitch stehen, dieser sollte ja idealerweise die Quintessenz der Geschäftsidee enthalten. Danach folgt die Beschreibung des Problems, wie dieses gelöst werden soll (Wertversprechen), warum und wie sich die Problemlösung vom Wettbewerb unterscheidet. Anschließend wird auf den Wettbewerb und Markt und die relevanten Kennzahlen eingegangen, gefolgt vom kompletten Geschäftsmodell, der Markteinführungsstrategie und des Invests. Den Abschluss kann die Vorstellung des Teams und ein zusammenfassendes Statement bilden.

In Pitch Competitions treten verschiedene Teams mit konkurrierenden Ideen und Konzepten gegeneinander an. Wie beim Hackathon werden die Ideen (manchmal in mehreren Ausscheidungsrunden) vor einem entsprechenden Entscheidergremium (idealerweise mit Top-Management Beteiligung) vorgestellt. Die Arbeit am Pitch Deck führt dazu, dass die Teams und Teilnehmer ihre Ideen gesamtunternehmerisch durchdenken.

Design Thinking

Design Thinking ist – verglichen mit Prinzipien wie „Lean Management" oder „Six Sigma" ein eher junger Problemlösungsansatz, der erst seit etwa 15–20 Jahren eine richtig breite Anwendung gefunden hat. Die Kernidee ist die Frage, wie Design zur Lösung aktueller Probleme beitragen könnte. Der Begriff wurde „neuerdings" von Buchanan geprägt (Buchanan 1992). Er schlug Design Thinking als Methode zur Lösung von sogenannten „wicked problems" (also „bösartige Probleme") vor. Damit meint er Probleme, die komplex sind, offene Fragestellungen haben und mehrdeutig sind. Demnach scheint die Methode für die Digitalisierung wie geschaffen zu sein.

Heute ist Design Thinking in aller Munde, allerdings gibt es keine wirklich einheitliche Definition der Vorgehensweise. In den meisten Fällen handelt es sich um eine Reihe von Heuristiken zur Steuerung teambasierter Zusammenarbeit. Die Methode ist sehr effektiv und leicht zu lernen. Man kann damit sehr schnell konkrete Ergebnisse erzielen. Ein beispielhafter Design Thinking Prozess ist in Abb. 4.5 dargestellt.

Im Zentrum aller Aktivitäten steht die Arbeit in multidisziplinären Teams. Der Design-Thinking Prozess ist an die grundsätzliche Arbeitsweise

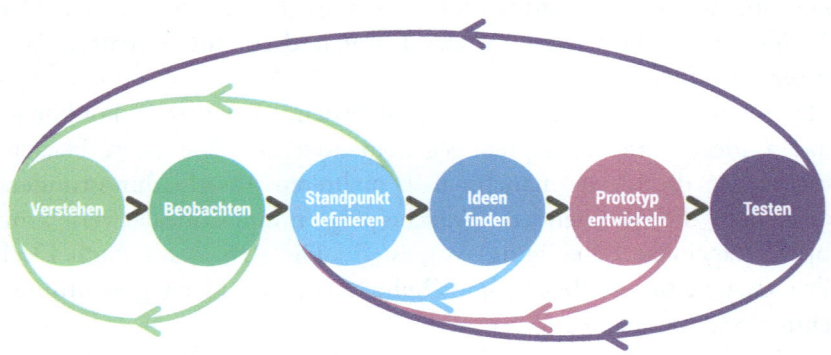

Abb. 4.5 Design Thinking Prozess. (Eigene Darstellung in Anlehnung an Lewrick et al. 2018)

von Designern angelehnt. Dieser führt in iterativen Schleifen durch die folgenden sechs Phasen.

Verstehen In der Phase des Verstehens geht es darum, das Problem genau zu definieren, den Markt, die Kunden, die Technologie, die Rahmenbedingungen, die Restriktionen und Optimierungskriterien zu verstehen und ein gemeinsames Verständnis darüber zu erzeugen.

Beobachten In der Phase des Beobachtens geht es um die Analyse des Verhaltens echter Menschen in realen Situation in Bezug auf das Problem, indem man sich in die Lage des Nutzers bzw. der Betroffenen versetzt. Es geht darum, das Problem durch deren Brille zu betrachten.

Standpunkt definieren In der darauffolgenden Phase geht es darum, die bisher im Prozess gewonnenen Erkenntnisse zusammenzutragen und zu einer gemeinsamen Sichtweise zu verdichten.

Ideen finden In der Phase Ideen finden werden vom Team möglichst viele diverse Lösungsmöglichkeiten entwickelt, die im Anschluss wiederum mit den Erkenntnissen der ersten Phasen abgeglichen werden.

Prototypen entwickeln Schließlich geht um die Entwicklung konkreter Lösungen, die an ausgewählten Zielgruppen (Kundensegmente) getestet werden können.

Auf Basis der durch den bzw. die Prototypen gewonnenen Erkenntnisse wird das Konzept dann in iterativen Schleifen immer weiter optimiert, bis ein optimales, nutzerorientiertes Produkt entstanden ist. Natürlich gibt es zahlreiche unterschiedliche Design-Thinking Prozesse und Sichtweisen, die Idee ist allerdings immer die gleiche: *ein iterativer, klar strukturierter Prozess, der sich am Kunden orientiert.*

Design Sprint

Design Sprints sind mehrtägige Workshops, bei denen die Design Thinking Prinzipien konkret angewendet werden. Auch hier gibt es zahlreiche Formate. Das Konzepts wurde von Mitarbeitern der Firma Google Ventures entwickelt und besteht aus einem fünftägigen

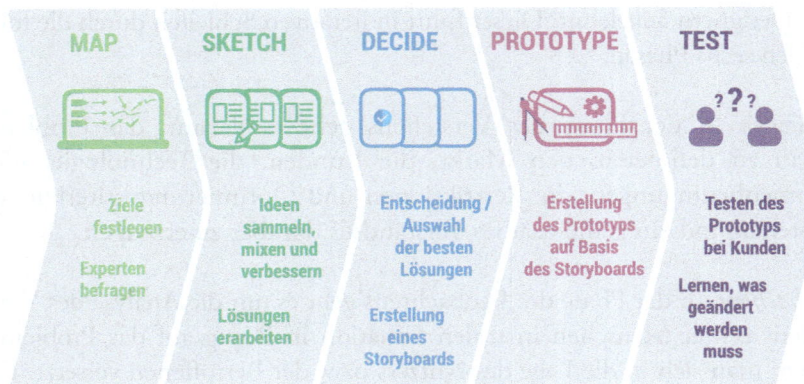

Abb. 4.6 Google Ventures Design Sprint Ablauf. (Eigene Darstellung in Anlehnung an Knapp et al. 2016)

Workshop (Knapp et al. 2016). Der Ablauf folgt nach einem festgelegten Schema, das in Abb. 4.6 skizziert ist.

Der komplette Ablauf ist darauf ausgerichtet, strategisch wichtige Fragestellungen bzw. neue Ideen am fünften Tag zusammen mit Kunden zu testen. Am *ersten Tag* definiert das Team gemeinsam die Zielsetzung. Dabei wird zunächst die langfristige Ziel-Perspektive eingenommen und die Frage beantwortet, wie sich das Projekt entwickeln könnte, wenn alles gut läuft. Entscheidend ist hier auch die Entwicklung einer Landkarte, welche das Problem und die Lösung übersichtlich darstellt. Diese wird mit ausgewählten Experten, die nicht Bestandteil des Teams sind, diskutiert. Am *zweiten Tag* werden Lösungsskizzen erstellt. Dabei steht der Gedanke im Fokus, dass man das Rad nicht neu erfinden muss, um gute Lösungen zu erzielen – deshalb wird die Entwicklung von Ideen mit Praxisbeispielen inspiriert. Jeder Teilnehmer erstellt aus den Ideen und Erkenntnissen anschließend eine Lösungsskizze. Am *dritten Tag* folgt die (demokratische) Auswahl der vielversprechendsten Lösungen und die Erstellung eines Storyboard. Dieses beinhaltet den genauen Ablauf der Vorstellung der Lösung beim Kunden. Am *vierten Tag* wird schließlich der Prototyp erstellt, und zwar möglichst eng am Storyboard. Am letzten Tag kommt die Belohnung für die anstrengenden Tage: das Kundenfeedback. Das Konzept sieht fünf Interviews vor, da sich bei hunderten Sprints herausgestellt hat, dass bereits nach fünf Interviews in der Regel 85 % der Erkenntnisse vorliegen (Knapp et al. 2016). Zum Abschluss werden die Erkenntnisse gesammelt und können ggf. als Grundlage für weitere – verkürzte – Sprint Sessions dienen.

Das Design-Sprint-Verfahren überwindet traditionelle, schwerfällige Prüf- und Genehmigungsprozeduren. Im Gegenzug ist die Wahrscheinlichkeit eines Fehlschlags höher, aber aufgrund des möglichst geringen Kapitaleinsatzes verursacht ein Scheitern keinen hohen Verlust („Fail fast, fail cheap"). Man kann unterschiedliche Personengruppen und Disziplinen in ein Team einbeziehen, um möglichst viele Gesichtspunkte zu berücksichtigen.

Agile und Scrum
Agilität und agile Vorgehensweisen sind mittlerweile in vielen verschiedenen Bereichen des Managements en vogue und sollen im Kern die Probleme der klassischen und starren Organisationsstrukturen und Prozesse umgehen. Agilität folgt drei Organisationsprinzipien, dem *„Gesetz des kleinen Teams"*, dem *„Gesetz des Kunden"* und dem *„Gesetz des Netzwerks"*. Letzteres soll im Großen auch den Prinzipien der einzelnen Teams folgen (Denning 2018). Agiles Arbeiten bedeutet also, kollaborativ in kleinen Teams zu arbeiten, um Aufgaben effizienter zu erledigen. Das grundlegende Prinzip der Agilität ist zudem, flexibel genug zu sein, um bei Bedarf während des Entwicklungsprozesses Änderungen vorzunehmen. Letztere kommen vom Kunden. Oft wird jeder Phase eines (Software)projekts eine bestimmte Zeitspanne zugeordnet („Timeboxing"). Die Wurzeln der Methodik sind im Agilen Manifest für die Softwareentwicklung aus dem Jahr 2001 näher beschrieben (vgl. Abb. 4.7).

Eine konkretes agiles Framework ist *Scrum,* das Anfang der 1990er von Schwaber und Sutherland entwickelt wurde, um komplexe Softwareentwicklungsprojekte zu meistern (Schwaber und Sutherland 2017). Mittlerweile ist Scrum aber längst nicht mehr auf den Softwarebereich beschränkt und kommt in allen denkbaren Entwicklungsumgebungen zum Einsatz. Dabei ist Scrum im Selbstverständnis weder eine Methode, noch ein Prozess oder eine Technik, sondern vielmehr

Abb. 4.7 Grundwerte des „Agilen Manifests" (Eigene Darstellung in Anlehnung an agilemanifesto.org)

ein Rahmen, in dem verschiedene Methoden, Prozesse und Techniken angewendet werden können (Schwaber und Sutherland 2017).

Scrum basiert im Kern auf *drei Säulen* (Transparenz, Überprüfung und Anpassung), folgt *fünf Werten* (Selbstverpflichtung, Mut, Fokus, Offenheit und Respekt) und sieht *drei Rollen* (Product Owner, Entwicklungsteam und Scrum Master) im Prozess vor. Die drei Säulen *Transparenz, Überprüfung und Anpassung* orientieren sich an den Grundsätzen der empirischen Prozesssteuerung und sorgen dafür, dass alle Aufgaben, Aktivitäten und die Ergebnisse für jeden sichtbar sind; unerwünschte Abweichungen möglichst früh erkannt werden können und folglich auf Abweichungen schnellstmöglich reagiert werden kann. Die Entwicklung entlang eines Scrum Prozesses findet iterativ und inkrementell statt und soll so möglichst viele empirische Daten einfließen lassen, um damit Risiken zu minimieren. Der Prozess wird entlang einer Reihe von Meetings organisiert (vgl. Abb. 4.8).

Im Prozess arbeiten immer kleine flexible Teams zusammen – je größer das Gesamtprojekt, desto mehr Teams. Zur Koordination werden

4 Elemente einer Digitalisierungsstrategie

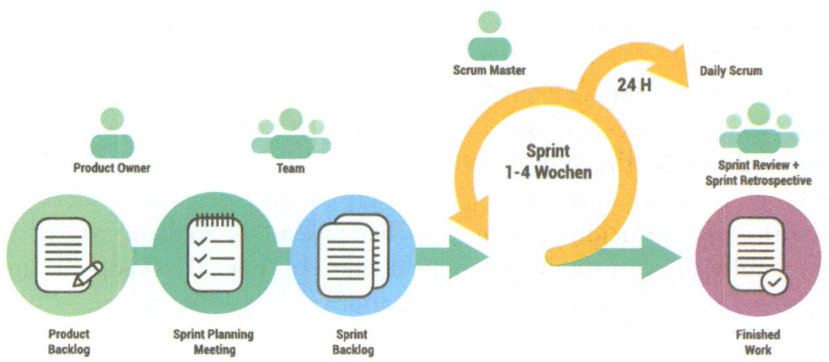

Abb. 4.8 Scrum Prozess. (Eigene Darstellung in Anlehnung an Scrum.org)

Scrum-basierte Entwicklungsprojekte in kleine *Builds,* sogenannte *Sprints,* aufgeteilt. In jedem Sprint wird ein bestimmtes Sprint-Ziel definiert, entwickelt und getestet. In diesem Zusammenhang ist insbesondere auch die Definition der jeweiligen Fertigstellungskriterien entscheidend (sog. „Definition of Done"). Je nach Komplexität des Projekts dauert jeder *Sprint zwei bis maximal vier Wochen.*

Während der *Product Owner* für das konkrete Ergebnis bezogen auf ein Produkt verantwortlich ist und dazu auch die Anforderungen und Qualitätskriterien definiert, muss der *Scrum Master* sicherstellen, dass jedes Teammitglied auf dem richtigen Weg bleibt, auftretende Probleme ansprechen und lösen, sowie dafür sorgen, dass das Team die Scrum-Methodik befolgt und Termine einhält.

In diesem Zusammenhang hat es sich bewährt, mit *Kanban* Systemen zu arbeiten. Kanban ist ursprünglich als Teil des Toyota Produktionssystems entstanden (vgl. hierzu Womack et al. 2007). Kanban hilft das Pull-Prinzip des Lean Management umzusetzen. „Kanban" ist japanisch und bedeutet Karte. Diese Materialbegleitkarten werden eingesetzt, um Produkte vom Kunden aus gesehen durch die Produktion zu ziehen (engl. „to pull") – statt sie durch Planungsvorgaben in die Produktion zu drücken (engl. „to push"). Ist ein bestimmter Materialbestand an einer Fertigungsstufe unterschritten, wird die Karte an die vorgelagerte Produktionseinheit gegeben und signalisiert dort den neuen Bedarf. In der IT- und Softwareentwicklung haben sich Kanban Systeme längst etabliert, dort symbolisieren Karten auf Kanban-Tafeln die einzelnen Aufgaben. Diese werden gemäß Fertigstellungsstatus in Spalten angeordnet und dementsprechend das o. a. Pull-Prinzip angewendet. Das Geheimnis des Erfolgs von Kanban ist, dass das „Fluss-Prinzip", das durch die Methode und vor allem durch die Festlegung von „Work in Progress" Limits (maximale Anzahl gleichzeitig zu erledigender Aufgaben) zur Vermeidung von Flaschenhälsen, ermöglicht wird. Es gibt zahlreiche Anwendungsmöglichkeiten in der IT (Leopold und Kaltenecker 2012) aber auch in vielen anderen Projektbereichen.

4.3 Organisationsgestaltung für die Digitalisierung

Im St. Galler Managementverständnis sind es die drei Ordnungsmomente *Strategie, Struktur und Kultur,* welche eine Organisation repräsentieren (Rüegg-Stürm 2005). Während die Strategie und Struktur direkt verändert oder beeinflusst werden können, ist die Unternehmenskultur eine „indirekte Variable" welche sich im Laufe der Jahre – beeinflusst durch Strategie und Struktur – entwickelt. Jedoch beeinflusst auch die Kultur wiederum die anderen beiden Elemente. So sind alle drei Ordnungsmomente untrennbar miteinander verbunden und beeinflussen sich gegenseitig (vgl. Abb. 4.9).

Im Folgenden soll die konkrete Organisationsgestaltung – *das Zielbild* – im Rahmen der Digitalen Transformation in diesem Verständnis diskutiert werden (vgl. die Parallelen zu Kap. 2).

Strategie im Rahmen der Digitalisierung
Früher konnte man auf einem Markt relativ einfach abgrenzen, wer zu den Partnern zählt und wer ein Konkurrent ist. Das Internet hat dafür gesorgt, dass der Wettbewerb global geworden ist, aber auch die globalen Kooperationsmöglichkeiten sind drastisch vereinfacht worden. Dies führte dazu, dass die Übergänge fließend sind – während Unternehmen in einigen Bereichen Wettbewerber sind, kann es sinnvoll sein mit den gleichen Unternehmen auf anderer Ebene zu kooperieren und

4 Elemente einer Digitalisierungsstrategie

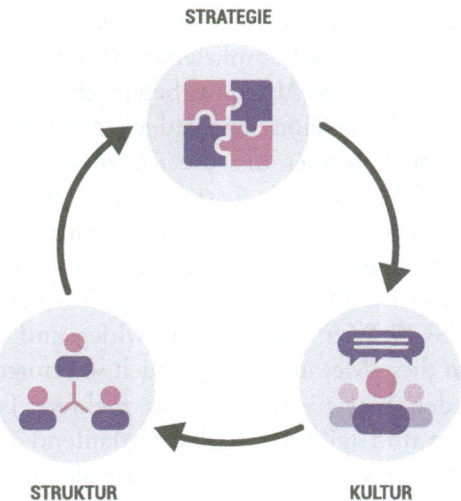

Abb. 4.9 Zusammenhang zwischen Strategie, Struktur und Kultur. (Eigene Darstellung)

umgekehrt. Das auf der Spieltheorie beruhende Konzept des *Co-opetition* (Wortkonstruktion aus Cooperation und Competition) beschreibt genau diesen Paradigmenwechsel (Brandenburger und Nalebuff 1996): Während sich die meisten traditionellen (Wettbewerbs-)Strategien darauf konzentrieren, wie ein Unternehmen einen möglichst großen Marktanteil eines Marktes erobern kann, geht diese Strategie davon aus, dass es sinnvoll sein kann, zunächst gemeinsam darauf zu fokussieren den Markt insgesamt zu vergrößern, um ihn dann in einem zweiten Schritt aufzuteilen und dann zu versuchen ein möglichst großes Stück davon abzubekommen.

Unzählige Kooperationen und Entwicklungspartnerschaften zeigen dies (bspw. die Kooperation zwischen Daimler, Ford und Nissan bei der Entwicklung der Brennstoffzelle). Aber auch Joint Ventures im Rahmen der Vermarktung von Dienstleistungen wie der Zusammenschluss zwischen Mytaxi, car2go (Daimler) und DriveNow (BMW) zu „FreeNow". Im Übrigen ist dieses Konzept nicht auf die Beziehungen *zwischen* Unternehmen begrenzt, sondern gilt in besonderem Maße auch innerhalb von Organisationen (Mohr 2009).

Festzuhalten ist, dass es eben nicht mehr *„die eine"* optimale Strategie gibt. Das Bild ist um einiges komplizierter. Wenn man sich unter diesem Aspekt die im vorherigen Abschnitt beschriebenen, „neuen" Arbeitsmethoden genau anschaut kann man jedoch ein Muster erkennen: Es geht hier grundsätzlich immer um die *Minimierung von Unsicherheit* und um eine *schnelle und flexible Adaption* in iterativen Lern-Schleifen. Dementsprechend sind die Methoden auch umso wirkungsvoller, je unklarer und intransparenter die Umgebung ist und je schneller sich die Bedingungen verändern. Dies spiegelt nur zu deutlich die Lage in der gegenwärtigen VUCA Welt (vgl. Kap. 1) wider und erklärt zu einem guten Teil, warum diese Methoden heute auch so erfolgreich sind.

Strategien werden hier nicht mehr für mehrere Jahre erstellt und umgesetzt, sondern sind agil und werden fortlaufend angepasst. Es wäre jedoch sehr gewagt darauf zu vertrauen, dass alleine mit dem Einsatz einer agilen Projektmethodik bereits alles Notwendige getan ist – auch wenn dies oftmals genau in dieser Art „verkauft" wird.

Was man allerdings festhalten kann ist, dass der agile Strategieansatz tendenziell eher in den früheren Phasen und im Bereich der geschäftsmodellspezifischen Digitalisierung erfolgsversprechend ist – also dann, wenn die Unsicherheit (noch) groß ist. Hingegen haben die eher langen Planungszyklen im Bereich des bestehenden Geschäfts auch für die kundenspezifische und organisationsspezifische Digitalisierung eine Berechtigung, schließlich wollen sich die Kunden, Lieferanten und Mitarbeiter auf langfristige Beziehungen und hundertprozentige Qualität verlassen können.

Struktur im Rahmen der Digitalisierung
Auch bei der Struktur gibt es eindeutige Tendenzen bei den allgemeinen Digitalisierungs-Ratgebern. Die grundsätzliche Empfehlung ist das *Netzwerk*. In einem Netzwerk gibt es kein oben und unten – je nach Perspektive kooperiert man oder steht im Wettbewerb zueinander. Außerdem sind Netzwerke prinzipiell nach Außen offene Konstrukte, d. h. auch unternehmensinterne Einheiten können mit Externen kooperieren, wenn sie es für sinnvoll halten.

Traditionelle Unternehmen sind hingegen häufig *hierarchisch* strukturiert. Die Steuerung erfolgt zentral. Entscheidungen werden auf der höchsten Ebene gefällt und „unten" ausgeführt. Zielvorgaben und Arbeitsmodalitäten liegen in der Hand des Managements. Damit einher gehen gewisse typische Verhaltensmuster, die im Laufe eines Arbeitslebens tief in die Individuen aller Ebenen eingeprägt werden: Einerseits bringen Hierarchien große und kleine Machtpositionen mit sich. Es liegt in der menschlichen Natur, die eigene Machtposition auskosten zu wollen. Andererseits ergibt sich bei den Untergeordneten fast zwangsläufig eine „Untertanenmentalität", gekennzeichnet durch eine latente Oppositionshaltung gegenüber „denen da oben". In der Arbeitsroutine entwickeln zudem viele Menschen eine Technik, es sich möglichst bequem einzurichten und sich mit geringstmöglichen Reibungsverlusten durch den Alltag zu schlängeln.

Nun kann man überall nachlesen, dass die entscheidende Herausforderung darin besteht, diese Mentalitäten zu durchbrechen, weil die heutigen wirtschaftlichen Rahmenbedingungen nun einmal wendige, reaktionsschnelle, kollaborative und „agile" Organisationen erfordern. Hier sind Machtstrukturen eher hinderlich und betont flache Hierarchien viel erfolgversprechender. In selbst organisierenden Teams, in denen der Eigenantrieb der Beteiligten und kreatives Denken und Handeln gefragt sind, können neue Ideen tatsächlich effektiver entwickelt und umgesetzt werden. In konsequent agilen Organisation dürfen sich solche agilen, interdisziplinären Teams auch den jeweiligen Anforderungen entsprechend spontan bilden und werden eher selten „von oben" zusammengestellt.

Wenn das alles so sinnvoll und gut ist, stellt sich allerdings die Frage, warum sich in den letzten Jahrhunderten auf allen Ebenen immer die hierarchischen Systeme durchgesetzt haben. Hierüber kann man vortrefflich philosophieren und es gibt mit Sicherheit viele Aspekte, die hier beachtet werden sollten. Die Anzahl der Kommunikationsbeziehungen ist dabei ein entscheidender Aspekt (vgl. Abb. 4.10).

Gegen eine Auflösung der hierarchischen Strukturen spricht also der immense, und exponentiell wachsende *Kommunikationsaufwand*, während ein hierarchisch organisierte Konstrukt mit insgesamt $n-1$ Kommunikationsbeziehungen auskommt, so sind es im Netzwerk $n(n-1)/2$. In einer Organisation mit 1000 Mitarbeitern also 999 im Gegensatz zu 999.000 – in einer Organisation mit 10.000 Mitarbeitern

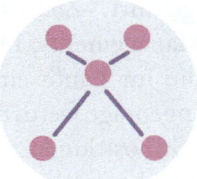 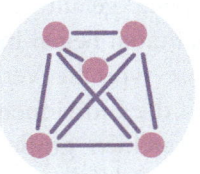

Kommunikations-
beziehungen in der
Hierarchie: (n-1)

Kommunikations-
beziehungen im
Netzwerk: n(n-1)/2

Abb. 4.10 Kommunikation in Netzwerk und Hierarchie. (Eigene Darstellung)

9999 im Gegensatz zu 99.990.000 usw. – im Umkehrschluss heißt das, je größer die Organisationen desto sinnvoller das hierarchische Modell. Folglich sind Netzwerkstrukturen tendenziell eher in den früheren Phasen und im Bereich der geschäftsmodellspezifischen Digitalisierung erfolgsversprechend – also dann, wenn die betreffenden Teams noch klein sind. Hingegen ist in späteren Phasen zunehmend die Effizienz der Hierarchie gefragt, vor allem auch wenn die Initiativen im Rahmen von kundenspezifischer und organisationsspezifischer Digitalisierung von den bestehenden Organisationseinheiten abhängig sind.

Die Entwicklung hin zu einem *kollaborativen Arbeitsstil* muss im Übrigen nicht unbedingt mit der Auflösung von hierarchischen Aufbauorganisationen einhergehen und ersatzlosen Macht- oder Autoritätsverzicht bedeuten. Es geht im Grundsatz vielmehr um eine breitere Verteilung von Entscheidungsbefugnissen und ein höheres Maß an Vertrauen gegenüber Teams, die in gewissen Grenzen selbstbestimmt arbeiten. Dieses Vertrauen bedingt ein „Loslassen" seitens der Führungsebene. Der Wechsel von einer anordnenden und kontrollierenden zu so einer partnerschaftlichen Organisationsform bedeutet den Verzicht auf konfrontatives Führen zugunsten einer partizipativen Philosophie. Die Frage ist, wie man Kontrolle gestalten kann, um kreative Kräfte freizusetzen, die im Unternehmen schlummern, aber aufgrund einer schwerfälligen Organisationsform nicht recht zum Zuge kommen. Selbst in der Serienfertigung und am Band gibt es Spielräume für eine veränderte Arbeitsmentalität. Partizipation ist grundsätzlich auf jeder Ebene eines Unternehmens möglich, etwa indem man ein offenes Ohr für Vorschläge aus der Arbeitnehmerschaft zur Verbesserung der Arbeitssituation oder der Arbeitsabläufe, der Werkzeugausstattung usw. hat und den Mitarbeitern das Gefühl vermittelt, Einfluss auf diese Faktoren nehmen zu können. Oft sind gerade Ideen und Vorschläge aus diesem Bereich durchaus sinnvoll und hilfreich im Sinne der digitalen Transformation, weil sie aus der praktischen Perspektive gedacht sind.

Kultur im Rahmen der Digitalisierung
Die Unternehmenskultur ist vermutlich der entscheidende Faktor, der den Erfolg der Digitalen Transformation ausmacht und gleichzeitig die größte Hürde. Im Rahmen einer groß angelegten Studie der Unternehmensberatung Capgemini, bestätigen dies knapp 62 % der 1700 Befragten Angestellten aus 340 Unternehmen in insgesamt 8 Ländern (Capgemini 2017). Der Report definiert gleichzeitig, dass eine *„Digitale Kultur"* sieben Attribute aufweist: *Innovation* bzw. das Vorherrschen von Verhaltensweisen, die das Eingehen von Risiken, disruptives Denken und die Erforschung von neuen Ideen fördern. *Datengetriebene Entscheidungsfindung* bzw. die Verwendung von Daten und Analysen, um geschäftliche Entscheidungen zu verbessern. *Zusammenarbeit* bzw. die Bildung von funktionsübergreifenden, abteilungsübergreifenden Teams zur Optimierung der organisatorischen Kompetenzen. *Offene Kultur* bzw. ein hohes Ausmaß an Partnerschaften mit externen Netzwerken wie z. B. Drittanbietern, Startups oder Kunden. *Digital First Mindset* bzw. eine Denk- und Herangehensweise, bei der digitale Lösungen der Priorität haben. *Agilität und Flexibilität* bzw. die Geschwindigkeit und Dynamik der Entscheidungsfindung und die Fähigkeit der Organisation sich an ändernde Anforderungen und Technologien anzupassen. *Kundenzentrierung* bzw. der Einsatz digitaler Lösungen zur Erweiterung des Kundenstamms, zur Transformation der Customer Experience und um Produkte gemeinsam zu entwickeln.

Eine digitale Kultur, so könnte man zusammenfassen, ist nach dieser Definition also grundsätzlich innovativ und unternehmerisch. Das heißt aber gleichzeitig auch, dass sich die Zielsetzung von reiner Effizienz und Umsatzorientierung hin zu organisationaler Weiterentwicklung und *Lernen* verschiebt. Das bedeutet insbesondere eine Ausrichtung hin zu kontinuierlichem Lernen und lernen kann man nun mal am besten aus *Fehlern*. Eine *positive Fehlerkultur* bedeutet allerdings nicht, dass Fehler gut sind. Jedoch sind Fehler zum Lernen unabdingbar. Positiv mit Fehlern umzugehen bedeutet gleichzeitig, eine Kultur der Neugier zu erzeugen und diese ist Grundlage für erfolgreiche Innovationen.

Solange unter „Digitalisierung" nur punktuelle Einzelmaßnahmen wie die Einführung bestimmter Technologien bzw. Softwareprodukte verstanden wird, steht das etablierte strukturelle Gefüge eines Unternehmens nicht zur Debatte. Wenn das Konzept „Digitale Transformation" aber ernst genommen wird und fundamentale Prozesse und Denkweisen auf den Prüfstand gestellt werden sollen, bedeutet das automatisch einen Kulturwandel, d. h. die Notwendigkeit des Umdenkens auf allen Ebenen des Unternehmens. Das fängt bei der Einstellung der Führungskräfte an: Führungskräfte, die sich mit dieser Herausforderung schwertun, sollte sich fragen, ob tatsächlich eine akute Gefahr von Chaos, Ineffizienz und Zeitverschwendung besteht, oder ob es eher um das eigene Geltungsbedürfnis geht. Die Fähigkeit zu ehrlicher Selbsterkenntnis und einer differenzierten Analyse ist hier essenziell. Skepsis gegenüber Neuem ist nichts grundsätzlich Schlechtes, rechtfertigt aber nicht den pauschalen Standpunkt, dass „das nicht realisierbar ist".

Manche Führungskräfte befürchten angesichts der Implikationen des digitalen Wandels und der kulturellen Veränderungen im Unternehmen einen Kontrollverlust. Dies ist nicht unbedingt unbegründet, denn wenn Menschen, die eine hierarchische Situation gewohnt sind, sich weniger „kontrolliert" fühlen, neigen sie dazu, es sich bequem zu machen. Ein probates Gegenmittel ist die Zuweisung von Verantwortung und entsprechender Bringpflichten im Team-Kontext. Denn selbstverständlich geht es *nicht ohne Kontrolle.* Natürlich muss die Unternehmensleitung wissen, was sich abspielt, was erarbeitet wird und wurde, welche Zielsetzungen definiert werden, welche Fortschritte erzielt werden, welche Teams effizienter sind und mehr bzw. bessere Ergebnisse hervorbringen. Man kann aber von Menschen nicht erwarten, dass sie gute Ideen entwickeln, wenn sie sich unaufhörlich beobachtet fühlen; Kreativität setzt ein gewisses Gefühl der Bewegungsfreiheit und Selbstständigkeit voraus, und es genügt in der Regel, wenn die Mitarbeiter wissen, dass ihre Leistungen grundsätzlich – aus einer gewissen Distanz – registriert werden, und dass Nachlässigkeit auf die Dauer erkannt wird und negative Konsequenzen haben wird. Druck erzeugt jedoch Gegendruck und eine Abwehrhaltung, die nie wünschenswert ist.

Häufig gerät ein eingeleiteter digitaler Wandlungsprozess alsbald ins Stocken, weil Entscheidungsträger zwar von ihren Mitarbeitern *Veränderung* verlangen, sich selbst jedoch ausnehmen. Nur zu treffend ist da die Aussage „Change ist in der Digitalisierung erwünscht, aber nur, wenn man selbst davon nicht betroffen ist", d. h. „Unternehmen und deren Führungskräfte wollen Prozesse verändern, aber nur, wenn die Unternehmensstrukturen und das Management selbst von den Folgen der Veränderungen, von möglichen Verlusten und Neubewertungen der Aufgaben und Vergütungen verschont bleiben." (Wagner 2019).

Wie passt das alles zusammen?
Die Antwort auf diese Frage heißt: **„eben gar nicht so recht"** und führt zum Schluss, dass die eigentliche Aufgabe darin besteht, zwei Organisationskonzepte miteinander zu vereinen, die eigentlich konträr sind (vgl. Abb. 4.11).

Ein Beispiel: Während im oberen Bereich *Fehler* – zum Zweck des Lernens – ausdrücklich erwünscht sind, werden sie im unteren Bereich in der Einheit „Parts per Million" (ppm) gemessen. Das passt nicht so recht zusammen – es braucht also zwei Organisationen (vgl. auch Osterwalder und Pigneur 2010):

- eine eher *bürokratische,* auf Effizienz getrimmte Organisation, die sich mit der „Ausbeutung" (engl. „exploit") des bestehenden Geschäftsmodells beschäftigt und
- eine *unternehmerisch* agierende, auf das „Erforschen" (engl. „explore") neuer Geschäftsmodelle ausgerichtete Organisation.

McKinsey nennt das Ganze „Mastering the duality of digital" (McKinsey 2019). In seiner Studie zeigt es, dass es erfolgreiche Unternehmen schaffen, beide Disziplinen zu meistern. Diese Überlegung ist im

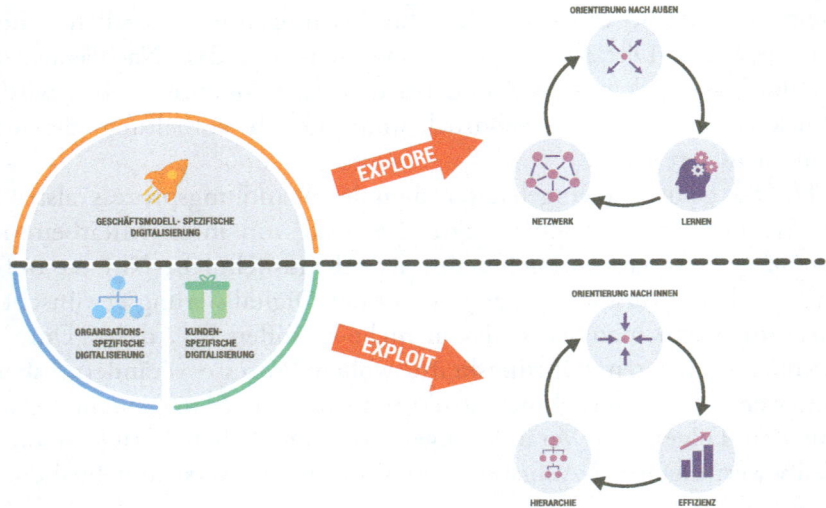

Abb. 4.11 Organisationsgestaltung für die Digitalisierung. (Eigene Darstellung)

Innovationsmanagement nicht neu (vgl. Burns und Stalker 1961). Corporate Entrepreneurship Konzepte versuchen genau das umzusetzen. Hier ist auch häufig von der „Ambidextrous Organization" (engl. für „Beidhändige Organisation") die Rede (O'Reilly und Tushman 2004). Ambidextrie (lat. ambo „beide" und dextera „rechte Hand") meint in diesem Zusammenhang eben beides gleich gut zu können. Dafür empfehlen sie eine Organisationsstruktur, in der die Innovationsarbeit in eigenen, vom Rest des Unternehmens getrennten Teams oder Abteilungen erfolgt. Die Fäden laufen beim Topmanagement zusammen, das den Balanceakt zwischen Abgrenzung und Integration schaffen muss.

Viele erfolgreiche Unternehmen versuchen diesen Spagat mit Hilfe eines *Innovation-Lab* bzw. einem *Digital Lab* hinzubekommen. Dort sollen in einer gewissen Distanz zum Mutterunternehmen neue Ideen entwickelt werden, die dem Unternehmen neue Zukunftsperspektiven eröffnen. Das Innovation-Lab soll durchaus eine gewisse Eigenständigkeit und auch räumliche Distanz zum Kernstandort des Unternehmens haben. Das bedeutet aber nicht, dass man es mit lauter fremden

Menschen besetzt und möglichst weit entfernt ansiedelt. Es ist unbedingt notwendig, dass ein Teil der verantwortlichen Mitarbeiter im Innovation-Lab mit dem Unternehmen und seinen Produkten und Prozessen bestens vertraut ist – man kann keine Innovation betreiben, wenn man die Ausgangsbasis nicht kennt.

Die Mitarbeiter des Innovation-Lab sollten jedoch möglichst nicht in das Tagesgeschäft des Kernunternehmens eingebunden sein. Sie müssen „den Kopf freihaben" für ihre Arbeit und auch ihre eigenen Methoden und Tools verwenden. Andererseits muss durchaus eng mit dem Mutterunternehmen und mit ausgewählten Kunden zusammengearbeitet werden, damit das, was das Lab entwickelt, auch zum Unternehmen passt und von ihm nutzbar ist. Abstimmung ist also bei aller gedanklichen Eigenständigkeit sehr wichtig. Vor allem auch, um die Mitarbeiter des Labs immer wieder zu „erden" und klarzumachen, dass der Zweck der Arbeit letzlich die Schaffung von profitablem Geschäft ist. Wie eng die zeitliche und finanzielle Vorgaben für das Lab sind lässt sich allerdings nicht pauschal beantworten.

4.4 Fazit zu Kap. 4

Damit sollten alle Elemente für die digitale Transformation klar sein: Die Infrage kommenden Technologien und Geschäftsmodelle als Inhalte der Digitalisierungsstrategie, die modernen Arbeitsmethoden und die beidhändige Zielorganisation.

Doch was in der Theorie einfach klingt ist in der Praxis häufig schwer. Beim Golfen muss man ja schließlich auch nur einen Ball in ein Loch befördern.

In der Realität trifft die Theorie nun auf den jeweiligen Kontext, in dem sie angewendet werden soll: Die Organisation, das Marktumfeld, die Politik, die Umwelt aber auch und vor allem die zeitliche oder auch örtliche Komponente spielt hier eine Rolle. Nur wenn alle diese Faktoren Berücksichtigung finden, kann die digitale Transformation nachhaltig in der Organisation verankert werden. Im folgenden Vorgehensmodell wird beschrieben wie das mit dem Digital Navigator in der Hand gelingen kann.

Literatur

Andreessen, M. (2011). Why software is eating the world. The Wall Street Journal. https://www.wsj.com/articles/SB10001424053111903480904576512250915629460. Zugegriffen: 23. Okt. 2019.

Brandenburger, A., & Nalebuff, B. (1996). *Co-opetition* (1. Aufl.). New York: Doubleday.

Buchanan, R. (1992). Wicked problems in design thinking. *Design Issues, 8*(2), 5–21.

Burns, T., & Stalker, G. M. (1961). *The management of innovation* (2. Aufl.). London: Tavistock.

Capgemini. (2017). The digital culture challenge: Closing the employee-leadership gap. https://www.capgemini.com/consulting/wp-content/uploads/sites/30/2017/07/dti_digitalculture_report.pdf. Zugegriffen: 22.01.2020.

Christensen, C. M. (2015). *The innovator's dilemma – When new technologies cause great firms to fail (Reprint)*. Watertown: Harvard Business Review Press.

Denning, S. (2018). *The age of agile: How smart companies are transforming the way work gets done*. New York: AMACOM.

Gartner. (2019). Gartner hype cycle. https://www.gartner.com/en/research/methodologies/gartner-hype-cycle. Zugegriffen: 16. Juli 2019.

Gassmann, O., & Sutter, P. (Hrsg.). (2016). *Digitale Transformation im Unternehmen gestalten: Geschäftsmodelle, Erfolgsfaktoren, Handlungsanweisungen, Fallstudien*. München: Hanser.

Gassmann, O., Frankenberger, K., & Csik, M. (2014). *The business model navigator – 55 models that will revolutionise your business*. Harlow: Pearson Education.

Knapp, J., Zeratsky, J., & Kowitz, B. (2016). *Sprint – How to solve big problems and test new ideas in just five days* (1. Aufl.). New York: Simon and Schuster.

Leopold, K., & Kaltenecker, S. (2012). *Kanban in der IT: Eine Kultur der kontinuierlichen Verbesserung schaffen*. München: Hanser.

Lewrick, M., Link, P., & Leifer, L. J. (2018). *The design thinking playbook: Mindful digital transformation of teams, products, services, businesses and ecosystems*. Hoboken: Wiley.

Matzler, K., Franz B., Stephan Friedrich von den Eichen, & Anschober, M. (2016). *Digital Disruption: wie Sie Ihr Unternehmen auf das digitale Zeitalter vorbereiten*. München: Vahlen.

McKinsey. (2019). Mastering the duality of digital: How companies withstand disruption. https://www.mckinsey.com/business-functions/mckinsey-digital/our-insights/mastering-the-duality-of-digital-how-companies-withstand-disruption. Zugegriffen: 23. Sept. 2019.

Mohr, T. (2009). *Entrepreneurship in intra-organizational networks: An entrepreneurial perspective on the management of multi-unit organizational systems.* Neu-Ulm: J. Nickert GmbH.

O'Reilly, C. A. I., & Tushman, M. L. (2004). The ambidextrous organization. *Harvard Business Review, 82*(4), 74.

Osterwalder, A., & Pigneur, Y. (2010). *Business Model Generation – A Handbook for Visionaries, Game Changers, and Challengers.* Hoboken: Wiley.

Osterwalder, A., Pigneur, Y., Bernarda, G., & Smith, A. (2014). *Value proposition design – How to create products and services customers want.* Hoboken: Wiley.

Panetta, K. (29. August 2019). 5 trends appear on the gartner hype cycle for emerging technologies, 2019. https://www.gartner.com/smarterwithgartner/5-trends-appear-on-the-gartner-hype-cycle-for-emerging-technologies-2019. Zugegriffen: 26. Nov. 2019.

Parker, G. G., Alstyne, M. W. V., & Choudary, S. P. (2016). *Platform revolution: How networked markets are transforming the economy and how to make them work for you* (1. Aufl.). New York: Norton.

Ries, E. (2011). *The lean startup: How constant innovation creates radically successful businesses.* London: Portfolio Penguin.

Rüegg-Stürm, J. (2005). *Das neue St. Galler Management-Modell: Grundkategorien einer integrierten Managementlehre; der HSG-Ansatz* (8. Nachdr. d. 2. durchgesehenen u. korr. Aufl). Bern: Haupt.

Schwaber, K., & Sutherland, J. (2017). Der Scrum GuideTM. https://www.scrumguides.org/docs/scrumguide/v2017/2017-Scrum-Guide-German.pdf. Zugegriffen: 14. Nov. 2019.

Turing, A. M. (1950). Computing machinery and intelligence. *Mind, 49,* 433–460.

Wagner, G. (2019). Agilität scheitert häufig an den Chefs. https://www.buchreport.de/news/hr-agile-prinzipien-sind-meist-zum-scheitern-verurteilt/. Zugegriffen: 23. Okt. 2019.

Womack, J. P., Jones, D. T., & Roos, D. (2007). *The machine that changed the world: The story of lean production; Toyota's secret weapon in the global car wars that is revolutionizing world industry* (1. pb. Aufl.). New York: Free Press.

5

Ein Vorgehensmodell für die Praxis

Genius is one per cent inspiration, ninety-nine per cent perspiration.
Thomas A. Edison

Wie geht man nun konkret vor? Das Internet ist voll von Ratgebern, Blogs und Methodensammlungen, die den heiligen Gral der Digitalisierung versprechen. Innerhalb von Minuten kann man seinen „Digitalen Reifegrad" ermitteln und es wird einem gesagt, was zu tun ist. Das alles selbstverständlich nur mit den angesagtesten und besonders agilen neuen Arbeitsmethoden und ausnahmslos in Loft-artigen modernen Arbeitsumgebungen. Klingt sinnvoll? Ja, aber genau an dieser Stelle sollte man auch Vorsicht walten lassen und genau auf die jeweiligen Vor- und Nachteile der Tools und Methoden achten. Es ist ein Irrglaube, dass Innovationen nur in einer kreativen Spaßkultur entstehen – Innovation erfordert Disziplin und ist harte Arbeit (Pisano 2019). Zudem ist es essenziell, den Kontext des jeweiligen Vorhabens zu beachten, schließlich findet die Digitalisierung nicht in einem sterilen und kontrollierbaren Laborumfeld statt, sondern in der realen Welt – auch wenn die Initiativen in einem Digital Lab, einem Digital Inkubator oder einem Digital Accelerator gebündelt werden. Um die Digitalstrategie letztlich erfolgreich umzusetzen, muss der zeitliche und organisationale Kontext beachtet werden, sonst werden die Themen nach der ersten Euphorie sehr schnell „auf Eis gelegt" und verschwinden in den Schubladen.

5.1 Benennung von Verantwortlichen

Es wird heute kaum ein Unternehmen geben, das sich nicht in irgendeiner Form mit Digitalisierung beschäftigt. Oft existieren zahlreiche Initiativen und Projekte im Unternehmen oder eine übergeordnete Initiative (vgl. die „Digital Fashionistas" bzw. „Digital Conservatives" aus Kap. 3). Unabhängig davon, welchen Pfad ein Unternehmen geht oder gehen will – eine verantwortliche Stelle muss unbedingt geschaffen und personell adäquat besetzt werden.

Zum Start sollte zunächst ein Digitalisierungsbeauftragter ernannt werden, der, sofern es die Größe des Unternehmens zulässt, sich ausschließlich dieser Funktion widmen sollte. Man kann ihn oder sie *Chief Digital Officer (CDO)* oder *Leiter Digital (Business)* nennen; als Alternative setzt man einen Projektleiter ein, der sich um die einzelnen Themen kümmert. Wie dem auch sei, dieser Schritt ist essenziell wichtig. Wird die Zuständigkeit für Digitalisierung nämlich zu einer von vielen Aufgaben im Tagesgeschäft, stehen die Zeichen für einen erfolgreichen Paradigmenwechsel von vorneherein ungünstig. Die Eignung für die Rolle des Digitalisierungsbeauftragten orientiert sich an den Kriterien Management-Erfahrung, Projekterfahrung, digitale Kompetenz, aber auch Kenntnis des Unternehmens und der spezifischen Herausforderungen der jeweiligen Branche des Unternehmens. Außerdem sind soziale Kompetenzen sowie ein hohes Ansehen bei der Belegschaft wichtig (für weitergehende Informationen vgl. Hess 2019).

Die oder der Digitalisierungsbeauftragte bildet ein Digitalisierungsteam. Dessen Mitglieder brauchen nicht unbedingt ihre gesamte Zeit dem Digitalisierungsthema widmen, sollten jedoch eindeutig dem Team zugewiesen werden (bspw. auch durch die Bildung *virtueller Teams*). Es geht hier zunächst darum, einen Kreis von Vertretern oder „Stakeholdern" aller Hauptabteilungen bzw. Fach- und Geschäftsbereiche des Unternehmens zu formieren, die dem Thema aufgeschlossen gegenüberstehen. Dabei können die drei Handlungsfelder des Digital Navigators helfen in einem ersten Schritt die Frage zu beantworten, „*Wo*" im Unternehmen die *Verantwortung* für eine Idee oder Initiative angesiedelt ist und folglich auch „*Wer*" konkret verantwortlich und „*Wer*" entsprechend beteiligt ist (vgl. Abb. 5.1).

Neben der generellen Gesamtverantwortung für das Unternehmen wird er CEO (Chief Executive Officer) auch die generelle Verantwortung für die Digitalisierungsstrategie und Umsetzung tragen. Falls bereits ein CDO (Chief Digital Officer) installiert wurde, wird natürlich dieser die Gesamt-Verantwortung für die Digitalisierungsstrategie übernehmen.

Bezogen auf die Dimensionen des Digital Navigators sind die Verantwortlichkeiten auch relativ klar – während der CDO (CEO) die Verantwortung für die geschäftsmodellspezifischen Digitalisierungsinitiativen übernehmen sollte, sind der CTO (Chief Technical Officer)

Abb. 5.1 Verantwortlichkeiten im Rahmen der Digitalisierung. (Eigene Darstellung)

bzw. der CSO (Chief Sales Officer) oder CMO (Chief Marketing Officer) natürlich eher für die produkt- bzw. kundenspezifische Digitalisierung zuständig. Die Optimierungen und Initiativen im Rahmen der organisationsspezifischen Digitalisierung hingegen werden sinnvollerweise durch den CIO (Chief Information Officer) bzw. Verantwortlichen für Organisation und Prozesse oder den CFO (Chief Financial Officer) verantwortet oder gesponsert.

In diesem Team kann dann damit begonnen werden, die drei Handlungsfelder des Digital Navigators mit Inhalten zu füllen.

5.2 Aufstellen einer Digital Agenda

Bezogen auf das Digital Navigator Modell bedeutet die Formulierung der Digital-Strategie zunächst, die einzelnen Felder (kundenspezifisch, organisationsspezifisch und geschäftsmodellspezifisch) mit passenden Maßnahmen zu füllen, um in der Folge daraus eine „Digital Agenda" zur Beantwortung der Frage nach dem „*Was*" zu generieren und später daraus ein übergeordnetes Digitalisierungs-Programm abzuleiten.

In einem ersten Schritt – bspw. in ersten Strategie-Workshops, die das Digitalisierungsteam veranstaltet – kann mit Hilfe des Digital Navigator Modells in der Form eines „Canvas" (= Leinwand) bzw. Grundrasters sehr gut ein gemeinsames Verständnis erzeugt werden. Die drei Bereiche des Modells bedürfen keiner genaueren Erklärung und so können ohne Anlaufzeit auch die bestehenden Initiativen und Projekte gemeinsam mit neuen Ideen kategorisiert werden. Wo genau die Grenzen zwischen den drei Kategorien zu ziehen sind, lässt sich nicht pauschal sagen und ist vom Unternehmenskontext abhängig. Ein befülltes *Digital Navigator Canvas* könnte dann wie in Abb. 5.2 dargestellt aussehen.

Dabei sollte der Grundgedanke, eine ausgewogene Strategie zu erstellen, die alle drei Bereiche des Digital Navigators in gleichem Maße berücksichtigt, nicht vergessen werden. Eine ausgewogene Agenda aufzustellen bedeutet zudem, im oberen Bereich des Digital Navigators ein Vielfaches

5 Ein Vorgehensmodell für die Praxis

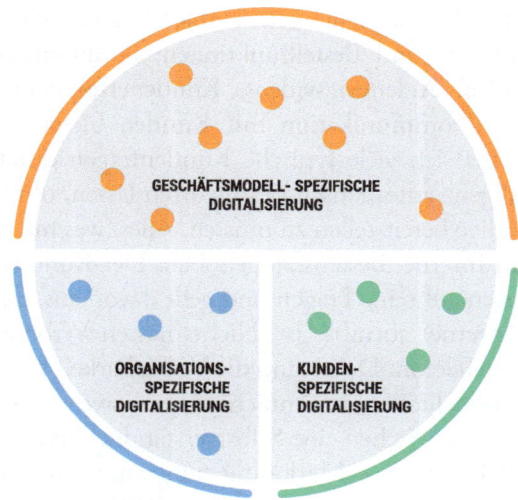

Abb. 5.2 Digital Navigator Canvas. (Eigene Darstellung)

an Ideen zu berücksichtigen und zu validieren, da für das Experimentieren mit komplett neuen und unbekannten Geschäftsmodellen und -ideen bekanntermaßen eine hohe Ausfallrate – analog zu Startups – besteht.

Im Folgenden finden sich Leitfragen und Ideen für die jeweiligen Kategorien aufgelistet, die sich in solchen Workshops als nützlich erwiesen haben.

Leit-Fragen zur kundenspezifischen Digitalisierung

Der schnellste Einstieg (mit dem Potenzial zur Erzeugung von „*Quick Wins*") in das Thema bildet die kundenspezifische Digitalisierung. Es geht dabei grundsätzlich um die Schaffung von Mehrwerten in der direkten Kundenbeziehung sowie in der digitalen Erweiterung des Wertversprechens der angebotenen Produkte und Dienstleistungen.

Das Internet bietet hier eine breite Vielfalt an Möglichkeiten: *Online-Kataloge* mit umfassenden Produktinformationen in grafischer und

Textform inklusive 3D-Darstellungen, einblendbaren technischen Daten, Produktkonfiguratoren und Bestellfunktionen; Produktdokumentationen zum Herunterladen, Anleitungsvideos, Kundenerfolgsstories und vieles mehr. Zur Echtzeitkommunikation mit Kunden bietet sich eine *Chat*-Funktion an, wobei sich viele typische Kundenfragen durch den Einsatz künstlicher Intelligenz automatisch beantworten lassen, ohne eine Vielzahl von Mitarbeitern live bereitstellen zu müssen. Alles, was mit Informationen zu tun hat, ist im Internet bestens aufgehoben. Der Kunde erwartet heute sofortige Antworten auf seine Fragen und geht davon aus, dass alles, was er wissen will, im Internet abrufbar ist. Nichts hassen Verbraucher mehr als Warteschleifen am Telefon. Dabei sind die Verfügbarkeit und Optimierung der Online-Funktionalitäten für sämtliche Zugangswege – Rechner, Tablet, Smartphone usw. – inzwischen eine Selbstverständlichkeit.

Womit wir beim Thema Marketing angelangt sind. Ein leistungsfähiges *Customer-Relationship-Management (CRM) System* ist für eine individuelle Kundenansprache ohne exponentielle Zunahme der personellen Anforderungen in der Kundenbetreuung unverzichtbar. Es ermöglicht das Wiedererkennen und die einheitliche Ansprache jedes Kunden, sei es am Telefon, im Internet, per E-Mail oder – immer wichtiger – in sozialen Medien. Durch Automatisierung manueller Tätigkeiten werden Fehler bei der Bearbeitung von Bestellungen und sonstigen Anliegen vermieden. Wer seine Kunden kennt und sofort auch wiedererkennt, hat deren Anwendungs- und Bedarfssituation besser im Blick und kann – softwaregestützt – passende Angebote unterbreiten und Ergänzungen empfehlen. Das Interaktionserlebnis soll für den Kunden mühelos sein, damit er gerne wiederkommt.

Zur Online-Interaktion mit dem Kunden gehört die statistische Auswertung des Kundenverhaltens. Gute CRM-Anwendungen beinhalten leistungsfähige Datenauswertungsfunktionalitäten, die Aufschluss über die Wirksamkeit von Marketing-Maßnahmen und Interaktionskanälen und den Erfolg von Produkten z. B. bei bestimmten Kundengruppen geben. So kann die Customer Experience optimiert werden. Mit *Customer-Journey-Mapping* kann die komplette „Reise" des Kunden analysiert und optimiert werden.

Mit *Big-Data- und Advanced Analytics Technologien* können Statistiken darüber, welche Inhalte der Internetseiten am attraktivsten und effektivsten sind, zu aussagekräftigen Berichten aufbereitet werden, die als Grundlage für strategische Entscheidungen oder Kurskorrekturen dienen. Weiteres Kunden-Feedback kann man über Chat- und Kommentarfunktionen einsammeln. Das digitale Unternehmen ist über seine Internetpräsenz stets am Puls des Marktes und weiß, was der Kunde denkt und will – denn diese Informationen entscheiden letztlich über die Absatzentwicklung und damit das Wohl und Wehe des Unternehmens. Abgesehen davon hilft eine moderne CRM-Infrastruktur auch, die Vorschriften der *Datenschutzgrundverordnung* (DSGVO) konsequent und kontrolliert umzusetzen und den Präferenzen jedes Kunden für den Umgang mit seinen Daten Rechnung zu tragen.

Aber auch schon eine gut ausgestattete, mehrsprachige *Website* an sich kann, im Sinne der kundenspezifischen Digitalisierung, ganz neue Perspektiven für das Auslandsgeschäft und eine angestrebte Internationalisierungsstrategie eröffnen. Die Produktpalette kann dann ausgehend vom vorhandenen Know-how für bestimmte Zielmärkte ergänzt werden, ohne massiv in Produktionstechnik investieren zu müssen. Auch im Service gibt es vielversprechende Ansätze, mit digitaler Technologie effizienter zu arbeiten. Von Online-Anleitungsvideos wurde bereits gesprochen. Bei komplexeren Produkten wie Maschinen und Anlagen bietet *Virtuelle Realität (Virtual Reality, VR)* bzw. *Erweiterte Realität (Augmented Reality, AR)* völlig neue Möglichkeiten: So kann man mithilfe einer VR/AR-Brille einen kundenseitigen Techniker bei Reparatur oder Wartung anleiten, ohne physisch an Ort und Stelle sein zu müssen – aus Planungs- und Kostensicht eine Win-Win-Situation. Großanlagen werden heute bereits mit Sensoren gespickt ausgeliefert und kommunizieren selbstständig (im Sinne des IoT, vgl. Abschn. 4.1), sodass der Hersteller sie standortfern überwachen *("Remote Monitoring")* und anhand der Signale vorausschauend vorbeugende Wartungsmaßnahmen veranlassen kann, die ungeplante Stillstandszeiten vermeiden.

In der *Produktentwicklung* ist zunächst an die Verbesserung der Rückkopplung zwischen Kundeninteraktion und Produktplanung zu denken: Entwickeln wir wirklich das, was der Kunde braucht? Sind wir jederzeit bereit, neue Trends aufzunehmen? Die Innovationszyklen sind heute kurzatmiger denn je. Das Ohr dicht am Markt zu haben und Trends frühzeitig zu erkennen ist überlebenswichtig. In manchen Branchen hört man in letzter Zeit öfter das Zauberwort *„Co-creation"*: Die digitalen Kommunikationstechnologien ermöglichen ein direkt mit Kunden abgestimmtes Produktdesign, sozusagen die nächste Stufe eines *„Configure to Order"*.

Dies sind nur wenige der zur Verfügung stehenden Möglichkeiten. Sie sollen als Ansatzpunkte zum Start der Diskussion dienen. Man kann die Ansatzpunkte für Optimierungsmaßnahmen auf der kundenzugewandten Seite etwa zu folgenden Fragen zusammenfassen (vgl. Abb. 5.3).

Hier sollten also Ideen diskutiert werden, die mit der Optimierung von bestehenden Produkten und Dienstleistungen zu tun haben; mit neuen Wegen wie die Produkte und Dienstleistungen zum Kunden gelangen; wie die Kundenbeziehungen verbessert und intensiviert werden können; und wie die Abrechnung der Leistungen besser gestaltet werden könnte. Innovationen im kundenspezifischen Bereich sind umsatzorientiert und wären in Porter's Modell (vgl. Kap. 3) vor allem der Differenzierungsstrategie zuzuordnen.

Leit-Fragen zur organisationsspezifischen Digitalisierung
Auch im Bereich der organisationsspezifischen Digitalisierung können schnell vielversprechende Themen gefunden werden. In vielen Bereichen können Routinetätigkeiten automatisiert und Projekte verschlankt

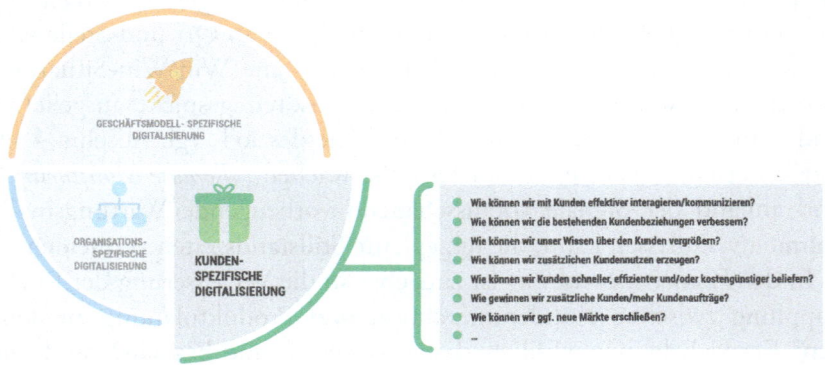

Abb. 5.3 Leitfragen der kundenspezifischen Digitalisierung. (Eigene Darstellung)

werden. *Cloud-Computing* fördert standortübergreifende Zusammenarbeit und die Verfügbarkeit von akkumuliertem Wissen für alle Mitarbeiter.

Zudem bringt die Nutzung von Cloud-Angeboten Möglichkeiten der Softwarenutzung in Reichweite, die früher aus Kostengründen nicht zur Verfügung standen. Durch *Software-as-a-Service*-Modelle (SaaS, PaaS, IaaS oder allgemeiner auch XaaS für online zugängliche Dienstleistungen jeglicher Art) können auch kleinere Unternehmen von den Vorteilen leistungsfähiger Softwarelösungen profitieren, ohne ein kostspieliges eigenes Rechenzentrum unterhalten bzw. massive Anfangsinvestitionen finanzieren zu müssen. So helfen digitale Lösungen, Kosten zu sparen und das Budget im Griff zu behalten. Der Einsatz flexibler, modulartiger Projektmanagement-Software über die Cloud erschließt neue Formen der (übergreifenden) Zusammenarbeit oder in verteilten Teams, ohne an Übersichtlichkeit oder Kontrolle einzubüßen.

Diese Zusammenarbeit über Abteilungsgrenzen und große geografische Distanzen hinweg kann sich letztlich sogar *unternehmensübergreifend im Partner- und Lieferantennetzwerk* fortsetzen. In Verbindung mit der zunehmenden Automatisierung von Prozessen ergeben sich dabei die richtigen Rahmenbedingungen für agile Arbeitsmethoden in flachen, reaktionsschnellen Teams mit weitgehenden Entscheidungsbefugnissen. Zudem wird die Verlagerung von Aufgaben, die nicht zu den Kernkompetenzen eines Unternehmens gehören – z. B. Lohn- und Gehaltsbuchhaltung – auf externe, kostengünstigere Dienstleister *(Outsourcing/ Outtasking)* durch Cloud-Lösungen und Vernetzung wesentlich einfacher. Kompetenzen, die sich ein Unternehmen bislang nicht leisten konnte, werden auf diesem Wege zugreifbar – auch international –, weil man sie sich mit anderen teilt und sie trotzdem eng in die internen Prozesse einbinden kann. Die Digitalisierung eröffnet so zahlreiche neue Perspektiven für eine intelligentere und effizientere Arbeitsweise, die in zweiter oder dritter Konsequenz kaskadierend weitere Optimierungsmöglichkeiten eröffnen und der Profitabilität insgesamt zugutekommen. Wissensdatenbanken und Business Intelligence sind zwar nicht neu, werden aber durch Vernetzung über die Cloud leistungsfähiger und omnipräsenter.

CRM-, ERP und andere Geschäftsanwendungen sind *die* Quelle für Ansatzpunkte zur organisationsspezifischen Digitalisierung. Sie können große Mengen von *Daten* liefern, die bei subtiler Auswertung

Aufschluss über das Kundenverhalten, über Trends und Chancen, aber auch über Schwachstellen in der Absatzpolitik geben. Mit *Big-Data und Advanced Analytics Technologien* kann dieser wertvolle Datenschatz nach unterschiedlichsten Kriterien ausgewertet und für die Geschäftsstrategie nutzbar gemacht werden. So lassen sich Entscheidungen auf wesentlich soliderer Faktenbasis fällen. Der vom Markt ausgehende Beschleunigungs- und Vernetzungsdruck muss in der internen Organisation seinen Niederschlag finden. Angesichts der zunehmenden Komplexität der Marktzusammenhänge und des wachsenden Konkurrenzdrucks sind konventionelle Organisationsmodelle vielfach zu schwerfällig und zu teuer.

Produktion und Belieferung sind ebenfalls Kernthemen, die zum Handlungsfeld der organisationsspezifischen Digitalisierung gehören. Welche Digitalisierungsansätze sich für die Optimierung der Produktion anbieten, kann in diesem Buch aufgrund der Vielfalt der Branchen und Produktwelten nur grob umrissen werden. Die interne und externe Logistik spielt dabei eine Schlüsselrolle: Im Mittelpunkt des Interesses steht die Beschleunigung der *Supply-Chain-Prozesse* und der *Auftragsabwicklung* zur schnelleren und kostengünstigeren Belieferung des Marktes. Digitale Technologie kann aber oft auch in anderen Bereichen der Produktionsinfrastruktur einen Beitrag zu höherer Effizienz leisten, z. B. Strukturierung und Entflechtung von Fertigungslinien durch geeignete Algorithmen zur vorausschauenden Vermeidung von Engpässen und Staus.

Kurze Entscheidungswege, hohe Flexibilität und Offenheit für Überraschungen sind entscheidend, um rasch auf das dynamische Marktumfeld und neue Anforderungen reagieren zu können. Oft sind etablierte Prozesse zu komplex und zu langsam, hier kann bspw. *Process Mining* helfen. Die Vielfalt an auf Software- und Internet-basierenden Technologien für alle Bereiche des Managements nimmt ständig zu und hilft, kostbare Fachkräfte dort einzusetzen, wo sie unersetzlich sind, anstatt ihre Zeit mit Routinetätigkeiten zu vergeuden. Werden bei der Diskussion spezifischer Digitalisierungsprojekte Kompetenzlücken im Unternehmen festgestellt, sollten diese rechtzeitig geschlossen werden, sodass die Planung auf soliden Füßen steht.

5 Ein Vorgehensmodell für die Praxis

Man kann die Ansatzpunkte für Optimierungsmaßnahmen auf der Seite der Organisation etwa zu folgenden Fragen zusammenfassen (vgl. Abb. 5.4).

Im Fokus steht hier also die effizienzorientierte Optimierung der internen Abläufe und Prozesse; wie Ressourcen besser eingesetzt werden können (allen Voran die Ressource *Wissen*); und wie die Zusammenarbeit im Wertschöpfungsnetzwerk optimiert werden kann. Innovationen im organisationsspezifischen Bereich sind effizienz- bzw. kostenorientiert und wären in Porter's Modell (vgl. Kap. 3) vor allem der Strategie der Kostenführerschaft zuzuordnen.

Bei der organisationsspezifischen Digitalisierung gilt im Besonderen, dass angestrebte Maßnahmen im Vorfeld stets auf ihre Zweckmäßigkeit, Rentabilität und praktische Machbarkeit sowie auf die Anforderungen und Konsequenzen für die Gesamtorganisation geprüft werden sollten. Für jede Maßnahme muss man konkrete Ziele formulieren, daraus konkrete Fragen ableiten und bei Bedarf fachliche Beratung suchen. Zeichnen sich radikale Veränderungen ab, ist zu erwägen, ob man diese Aspekte zunächst in einem Pilotprojekt oder einer Testumgebung parallel zum laufenden Betrieb prüfen sollte.

Insbesondere bei der organisationsspezifischen Digitalisierung ist es ratsam, externe Partner zu Rate zu ziehen, die bei der Implementierung von Prozessen und Systemen wertvolle Hilfe leisten können.

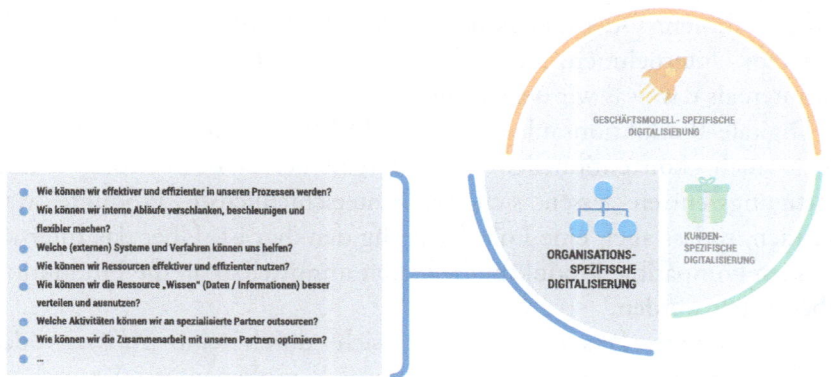

Abb. 5.4 Kernfragen der organisationsspezifischen Digitalisierung. (Eigene Darstellung)

Denn diese Prozesse bilden die Grundlage für die weitergehenden Themen in der kunden- und der geschäftsmodellspezifischen Digitalisierung und müssen entsprechend belastbar sein. Man sollte nicht versuchen, das Rad neu zu erfinden. Die Investition in kompetente Fachberatung durch erfahrene Profis erspart potenziell teure Fehler und blamable Rückschläge, die sich negativ auf die Bilanz und den Rückhalt in der Belegschaft auswirken können. Durch die stark gesunkenen Kommunikations- und Transaktionskosten gibt es immer weniger Gründe, die gegen Outsourcing sprechen, d. h. alles was nicht zu den Kernkompetenzen gehört, kann man auslagern – die Antwort auf die strategische Frage „*Make or buy?*" lautet immer häufiger „Buy".

Leit-Fragen zur geschäftsmodellspezifischen Digitalisierung
Nachdem die Basis im organisationsspezifischen Bereich – bspw. durch den Aufbau moderner, flexibler und agiler Cloud-Systeme aber insbesondere auch durch den Aufbau des entsprechenden technischen und methodischen Know-hows innerhalb der Organisation erfolgt ist – sollte man immer wieder den Blick heben und in die Weite schweifen lassen: Welche Wünsche der Verbraucher bzw. Kunden werden bislang nicht oder nur unzureichend gedeckt? Womit könnte man die Aufmerksamkeit des Marktes wecken? Für welchen Nutzen gibt es Platz in der Welt, ohne dass sich jemand darum kümmert *(Blue-Oceans)*? Was würde den Verbrauchern nützen, es ist aber noch nie jemand darauf gekommen? Oder anders herum: Welche Fähigkeiten haben wir in unserem Unternehmen, die noch ganz andere Dinge zustande bringen könnten als das, was wir derzeit tun?

Digitale Produktionsanlagen, etwa 3D-Drucker *(additive Fertigung)*, aber auch konventionelle, computergesteuerte Bearbeitungs- und Fertigungszentren lassen sich für unterschiedlichste Produkte verwenden, sodass auch eine Lohnfertigung denkbar ist. Über das Internet können kompatible Produktmodelldaten unmittelbar an die Produktion übermittelt werden.

Eine weitere Perspektive ergibt sich durch eine *Allianz* oder *Kooperation* mit einem Unternehmen, das komplementäres Know-how besitzt, sodass man gemeinsam in einen neuen Markt eindringen kann *(„Extended Enterprise")*. Es könnte zum Beispiel ein Unternehmen, das auf bestimmte industrielle Werkzeuge spezialisiert ist, zusammen mit einem Roboterhersteller Anlagen bauen, die beides vereinen. Oder ein KI-Spezialist und ein Finanzdienstleistungsunternehmen entwickeln gemeinsam ein Online-Beratungstool, das kundenspezifische Finanzangebote erarbeitet. Ein Metallurgie-Spezialist und ein Armaturenspezialist könnten gemeinsam Lösungen für Chemieanlagen entwickeln, in denen konventionelle Werkstoffe versagen. Neue Geschäftsmodelle ergeben sich somit aus den Vernetzungsmöglichkeiten des digitalen Zeitalters. Sie ermöglichen die Bildung geschäftlicher „Ökosysteme" und die gemeinsame Entwicklung integrierter Lösungen.

Neue Aufgabenstellungen sind auch überall dort absehbar, wo die moderne Technologie oder die globalisierte Wirtschaft einen Komplexitätsgrad haben entstehen lassen, der mit konventionellen Mitteln nicht mehr beherrschbar ist. Digitale Technologien helfen dabei. So behält man heute die Kontrolle und den Überblick über komplexe Bauprojekte mithilfe des *„Building Information Modelling" (BIM),* das das gesamte Gefüge an Projektbeteiligten unter einen Hut bringt, indem es ein Cloud-gestütztes dreidimensionales digitales Modell des Gebäudes als verbindliche Planungsgrundlage für alle Gewerke vorgibt. Zugleich wird die Planungs- und die Realisierungsarbeit über einen gemeinsamen digitalen Online-Zeitplan koordiniert. Ein verbindliches Regelwerk sorgt für Disziplin. BIM-Spezialisten bilden ein eigenes Segment der Baubranche.

Mit technischem Know-how und digitaler Kompetenz Ordnung in eine immer komplexere Welt bringen: Hier liegen noch viele Chancen für „Business Model Innovation" verborgen. Wenn es um das Geschäftsmodell geht, ist Mut zur Veränderung unabdingbar, und das bedeutet auch Mut zum Scheitern. Unternehmertum bedeutet Risikobereitschaft. Man sollte sich gleich zu Beginn klarmachen, dass nicht jedes Projekt zum Erfolg führen wird – auch das ist Bestandteil der agilen Arbeitsphilosophie. Hierzu existiert die Erfolgsformel „Fail Fast – Fail Cheap", d. h. es muss die Bereitschaft zum Scheitern ohne Scheuklappen und mit möglichst geringem finanziellen Verlust vorhanden sein. Das Ziel des Lernens muss an erster Stelle stehen. Projekte mit geringem Kapitaleinsatz sind am besten geeignet, neue Marktchancen und Geschäftsmodellvariationen auszutesten. Man darf sich vom Scheitern auch nicht beirren lassen, sondern sollte daraus lernen und immer wieder aufs Neue versuchen, alternative Marktchancen zu sondieren.

Ansatzpunkte für Optimierungsmaßnahmen auf der Seite des Geschäftsmodells betreffen demnach ganz unterschiedliche Bereiche – die Ansatzpunkte sind entsprechend allgemeiner (vgl. Abb. 5.5).

Im Fokus stehen hier also das komplette Geschäftsmodell und die Schaffung neuer Märkte. Welches hier das für die Zukunft erfolgversprechendste Geschäft(smodell) ist, kann man nur durch fortwährendes Experimentieren herausfinden und nicht durch ausgefeilte Planungsprozesse – auch wenn diese von noch so schlauen Leuten erstellt werden.

Die Agenda ist dynamisch

Das Digitalisierungsteam sollte sich von vorne herein klarmachen, dass die Arbeit an der Agenda ergebnisoffen sein wird. Zwar werden immer wieder Ziele anvisiert und neue Ideen ausprobiert werden, aber vieles wird auch wieder aufgegeben werden oder scheitern, insbesondere im Bereich der geschäftsmodellspezifischen Digitalisierung. Dies ist elementarer Bestandteil des Ganzen und keinesfalls Grund zur Resignation.

Negative Erfahrungen sind ebenso wertvoll wie positive. Gerade dieser Sachverhalt widerspricht meist den seit Jahren üblichen und sorgsam aufgebauten Planungssystemen – welche von Risikominimierung geprägt

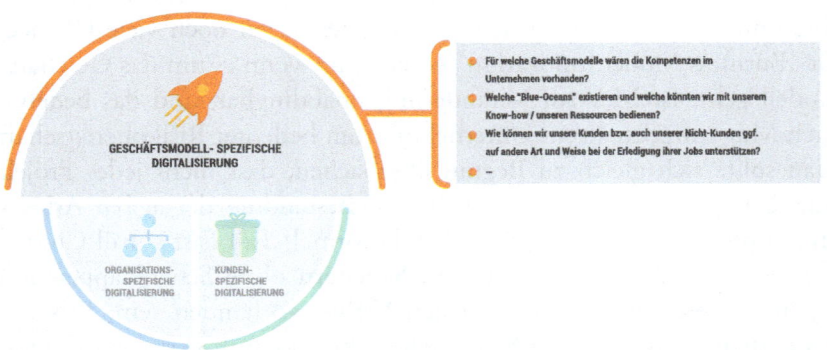

Abb. 5.5 Kernfragen der Geschäftsmodellspezifischen Digitalisierung. (Eigene Darstellung)

sind – gänzlich, liegt aber in der Natur der Sache. Das grundsätzliche Ziel besteht darin, im Rahmen eines gemeinsamen Lernprozesses ein möglichst zukunftssicheres, nachhaltiges Geschäftsmodell (oder mehrere) für das Unternehmen zu entwickeln bzw. eine Unternehmenskultur zu schaffen, in der das Hinterfragen des Bestehenden und die fortlaufende Suche nach Alternativen, nach neuen Tätigkeitsfeldern, neuen Ideen, Märkten und Entfaltungsmöglichkeiten eine Selbstverständlichkeit und eine Kernkompetenz ist.

Es geht also, um es noch einmal deutlich zu sagen, bei der Digitalen Transformation *nicht um die Realisierung einiger digitaler Konzepte oder die Einführung neuer Technologien, sondern um die Entwicklung eines neuen Selbstverständnisses des Unternehmens,* seines Managements und seiner Belegschaft.

Auch wenn viele Aspekte erst im Laufe der Zeit konkret fassbar werden, muss das Digitalisierungsteam ein erstes Vorgehensschema entwickeln und die ersten Schritte definieren und in Angriff nehmen. Es sind bekannte Herausforderungen zu benennen – Probleme in den Bereichen Effizienz, Kosten, Logistik, Zeit, Koordination, Kompetenzlücken usw. – gegebenenfalls zu ordnen und auf ihre Ursachen, wechselseitigen Abhängigkeiten und Konsequenzen hin zu analysieren. Zugleich können auch etablierte Verfahren, Prozesse und Strukturen hinterfragt werden.

Bereits an diesem Punkt ist zu überlegen, ob externe Digitalisierungsexperten damit beauftragt werden können, dem Digitalisierungsteam bei der Einarbeitung in grundsätzliche Digitalisierungsfragen und auch Themen der Projektarbeit, der internen Kommunikation, der Strategie und vor allem bei der Anwendung der spezifischen Vorgehensweisen und Tools zu helfen.

Dies ist der Ausgangspunkt eines Prozesses, der künftig kontinuierlich weiterläuft. In seinem Verlauf werden immer wieder neue Herausforderungen, Engpässe, Effizienzmängel, Frustrationen, Ideen und Optimierungspotenziale identifiziert, diskutiert und analysiert. Dann werden sinnvolle Maßnahmen gesucht, um Verbesserungen herbeizuführen. Die sich daraus ergebenden Digitalisierungsprojekte haben in der Regel ihrerseits Auswirkungen auf die Organisation und veranlassen nach dem Dominoprinzip Anpassungen, die letztlich auch das

Geschäftsmodell verändern können. Dieser Dominoeffekt bewirkt den digitalen Wandel. Das Digitalisierungsteam sorgt dafür, dass der Prozess kontrolliert und koordiniert abläuft und zugleich Teil einer dynamischen Unternehmenskultur wird, die möglichst breite Teile der Belegschaft einbezieht.

5.3 Umsetzung im Kontext

Bei der Umsetzung einzelner Digitalisierungsprojekte fungiert der Digital Navigator als Kompass, indem er Orientierung gibt und ein systematisches Vorgehen unterstützt. Er wird während des Digitalisierungsprozesses zunehmend verfeinert, seine einfache dreigeteilte Grundstruktur kann dabei aber immer bestehen bleiben, wobei eine scharfe Abgrenzung zwischen den drei Domänen der kunden- bzw. produktspezifischen Digitalisierung, organisationsspezifischen Digitalisierung und geschäftsmodellspezifischen Digitalisierung nicht immer möglich ist, weil diese über zahlreiche Schnittstellen ineinandergreifen und einander beeinflussen.

„Wie" nun im Einzelnen konkret vorzugehen ist – also wie die Umsetzung der einzelnen Initiativen bzw. der Digitalisierungsstrategie als Ganzes auch wirklich praktikabel gestaltet werden kann, hängt aus der Erfahrung in der Praxis insbesondere von zwei Aspekten ab: die *zeitliche Dimension* sowie der *organisationale Fit*.

„Wann" – zeitliche Dimension
Kein Unternehmen wird heutzutage mit der Digitalisierung auf der grünen Wiese starten. Daher gibt es sicherlich verschiedene Projekte in verschiedenen Reifegraden und in verschiedenen *Projektphasen*. Während sich die Themen im Bereich geschäftsmodellspezifischen Digitalisierung vermutlich eher in den frühen Phasen des Innovationsprozesses befinden, sind Themen im unteren Bereich des Digital Navigators vermutlich schon weiter fortgeschritten.

Zur Darstellung der zeitlichen Dimension bietet sich der „Innovationstrichter" an (vgl. Kap. 3), dieser wurde hier in die Phasen „Ideen generieren", „Ideen qualifizieren" und „Ideen umsetzen" eingeteilt (Abb. 5.6).

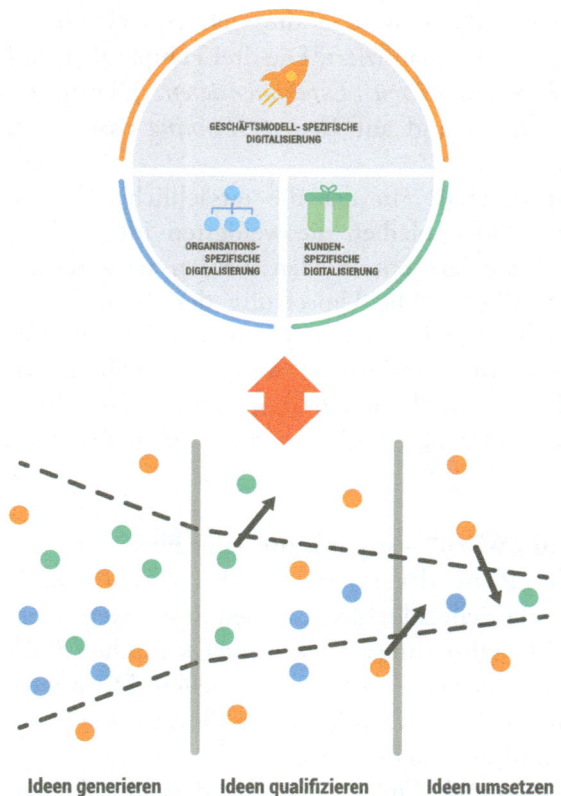

Abb. 5.6 Digitalisierung im zeitlichen Kontext. (Eigene Darstellung)

In der ersten Phase wird eine Vielzahl von Ideen und Anregungen nach einer geeigneten Methode gesammelt, geordnet und einer groben Vorauswahl unterzogen. Hier ist Kreativität gefragt. Oftmals Quantität statt Qualität, weil man letztere zu dieser Phase überhaupt noch nicht einschätzen kann. Bei neuen Ideen ist es nun mal unmöglich genau zu wissen welche sich letztendlich durchsetzen werden. Hier bieten sich klassische *Brainstormings* aber auch *Hackathons* an, wobei die Workshops möglichst interdisziplinär besetzt werden und *jede* Ebene des Unternehmens berücksichtigen sollten.

In der zweiten Phase werden die vielversprechendsten Ideen analysiert, diskutiert und qualifiziert. Die drei Hauptaufgaben lauten: *Experimentieren, Experimentieren, Experimentieren*. Hierfür sind die oben beschriebenen *agilen* und auf *Design Thinking* basierenden Methoden prädestiniert.

Für die dritte Phase, in der die tatsächliche Umsetzung bis zur Marktreife stattfindet, bleiben die wenigsten Ideen übrig. Hier sollte nun auch insbesondere entschieden werden in welcher Struktur die Umsetzung stattfindet. Die Umsetzung der Themen im Bereich der geschäftsmodellspezifischen Digitalisierung sollten in einer dedizierten Digital-Organisation verantwortet werden – wohingegen es bei den kundenspezifischen und organisationsspezifischen Themen in den meisten Fällen sinnvoll ist die Themen innerhalb der Fachbereiche einzusteuern.

„Warum" und „Wozu" – organisationaler Fit
Gerade in der Phase des Hypes und bei aller Begeisterung für das Neue ist es essenziell, alle Ideen, neuen Initiativen aber auch bereits bestehenden Digitalisierungsprojekte einer kritischen Prüfung im Hinblick auf ihren *Sinn und Zweck* zu unterziehen. Denn wenn die Digitalisierung zum Selbstzweck wird, werden die Projekte früher oder später eingestampft und so ist keinem geholfen.

Der „organisationale Fit" stellt sicher, dass die Themen *generell* mit dem Unternehmen *kompatibel* sind. Um den strategischen und kulturellen Fit sicherzustellen, sollte man dementsprechend für jede Idee die Kompatibilität mit der „Vision", „Mission" und den „Werten" des Unternehmens sicherstellen (vgl. Abb. 5.7).

„Mission" und „Vision" beschreiben die grundsätzliche Strategie des Unternehmens, wohingegen die „Werte" ein Teil (oder zumindest das Zielbild) der Kultur darstellen. Dabei drückt die „Mission" aus, wozu das Unternehmen nach seinem eigenen Verständnis da ist, etwa „die Menschen von der Mäuseplage zu befreien". Die Vision ist die Zukunftsperspektive und drückt aus, was das Unternehmen

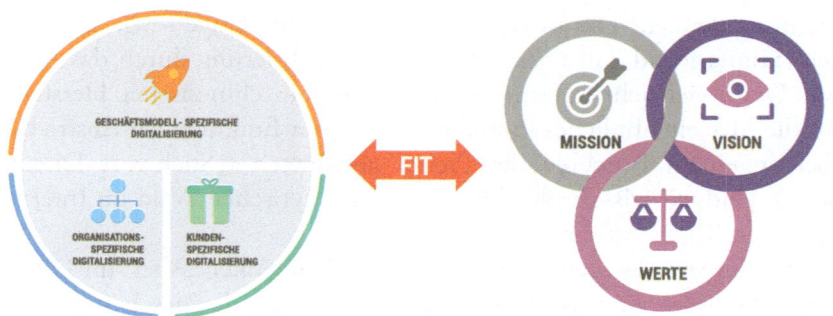

Abb. 5.7 Organisationale Kompatibilität. (Eigene Darstellung)

idealerweise werden möchte – z. B. „Der weltweit in Qualität und Umsatz führende Hersteller von Mausefallen". Der Wertekanon schließlich formuliert ethische Standards, an denen das Handeln jedes einzelnen Mitarbeiters und des Unternehmens als Rechtsperson zu messen ist. Diese Standards sind in der Wirtschaft ziemlich einheitlich, aber es ist wichtig, sie immer wieder auszusprechen und ihre Bedeutung im Arbeitsalltag in Schulungen zu vertiefen. Sie verpflichten alle Menschen in einem Unternehmen, von der Führungsspitze bis zum Auszubildenden, auf gleiche Maßstäbe.

Dieser Dreiklang aus Mission, Vision und Werten muss gerade dann, wenn sich Dinge in einem Unternehmen im großen Maßstab ändern, ständig im Blickfeld bleiben. Jede Initiative und jedes Teilprojekt muss sich im Hinblick darauf rechtfertigen können, und ganz besonders im Kontext der digitalen Transformation, die so viele grundsätzliche Änderungen mit sich bringen kann. Denn ist der *organisationale Fit* nicht gegeben, riskiert man den berühmten *„Kulturschock"*.

So wird sich beispielsweise ein mittelständisches Unternehmen aus dem Bayrischen Wald, welches die regionale Verankerung zu seinen Werten zählt und die Mission zur Stärkung der lokalen Wirtschaft verfolgt mit stark international ausgerichteten Digitalprojekten eher schwer tun. Oder sollte ein solches Unternehmen vielleicht bewusst in diese

Richtung denken? Das ist sicherlich keine leichte Frage – vor allem vor dem Hintergrund von Disruption und Globalisierung durch das Internet. Denn vielleicht kommt schon morgen ein chinesischer Hersteller auf die Idee ein ähnliches Produkt mit ein paar funktionalen Abstrichen aber zu einem Bruchteil des Preises anzubieten („Stichwort Disruption"). Und wir wissen alle: China ist vom Bayrischen Wald im Internet nur einen Klick entfernt.

Es lohnt sich also sehr wohl darüber nachzudenken. Aber: im Digital Navigator wäre eine solche Initiative im Bereich der geschäftsmodellspezifischen Digitalisierung angesiedelt und vermutlich noch in einer eher frühen Phase des Innovationsprozesses. Dementsprechend wäre ein solches Thema – gemäß Digital Navigator – prädestiniert für eine Untersuchung innerhalb der Digital Organisation und somit ohne große Auswirkungen auf die Organisation. Der zeitliche Kontext ist hier im doppelten Sinne relevant – manchmal ist eben auch einfach „der Markt noch nicht reif" für ein Thema.

5.4 Fazit: Ein Bezugsrahmen

Eine graphische Zusammenfassung der obigen Überlegungen ist in Abb. 5.8 dargestellt. Diese soll als Bezugsrahmenrahmen dienen und eine systematische und planvolle Vorgehensweise unterstützen.

Das Schema beinhaltet alle Grundfragen, die in jedem Teilprojekt einer Digitalisierungsinitiative immer wieder bedacht werden sollten und bildet so eine grobe Orientierung auf dem Weg der Digitalen Transformation.

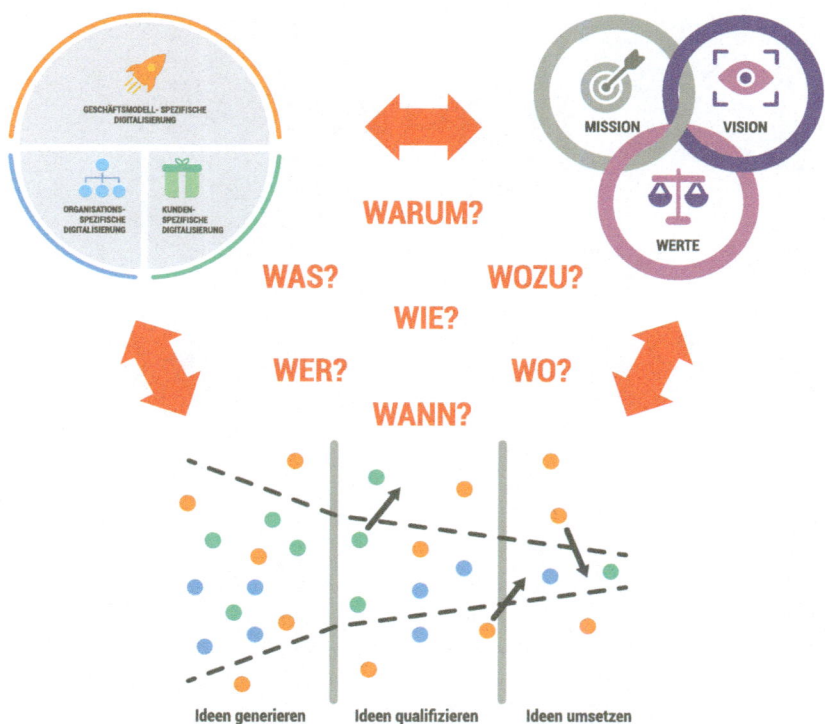

Abb. 5.8 Bezugsrahmen für die digitale Transformation. (Eigene Darstellung)

Literatur

Hess, T. (2019). *Digitale Transformation strategisch steuern: Vom Zufallstreffer zum systematischen Vorgehen* (1. Aufl.). Wiesbaden: Springer Fachmedien.

Pisano, G. P. (2019). Innovation erfordert Disziplin. *Harvard Business Manager, 41*(6), 16–27.

6

Ein paar Prinzipien zum Schluss

Probleme kann man niemals mit derselben Denkweise lösen, durch die sie entstanden sind.
Albert Einstein

Wenn Sie mit den in diesem Buch beschriebenen Ideen und Konzepten einverstanden sind, ist das keine schlechte Ausgangsbasis für eine erfolgreiche digitale Transformation Ihres Unternehmens. Allerdings begegnet man, trotz ausgefeilter Methodik, Strategie, Struktur, und Prozessen in der Praxis auch immer wieder Negativ-Beispielen. Eine Sammlung dieser Negativ-Beispiele befindet sich direkt am Anfang dieses Kapitels. Wenn Sie diese – satirische – Anleitung befolgen, dann garantiere ich das *Scheitern der Digitalen Transformation*. Soll man sich also genau gegenteilig Verhalten? Die Beantwortung der Frage wäre offensichtlich unseriös und zwar sind es die Menschen, die sich in dieser Weise verhalten; es liegt aber in der Regel nicht an den Menschen, dass man hier nicht weiterkommt – der Fehler liegt vielmehr im System und den eingefahrenen Denkweisen. Hier braucht es keine Raketenwissenschaft, sondern vielmehr eine Portion gesunden Menschenverstand, ein paar bewährte Grundprinzipien finden sich im Abschluss des Kapitels.

6.1 Wie man es nicht macht

Die folgenden Praktiken haben sich bewährt, damit die digitale Transformation in der Praxis ganz sicher scheitert:

Benennen Sie keinesfalls eine klare Verantwortung für die Digitalisierung Sie sollten idealerweise gleich mehrere Personen, die am besten auch noch auf verschiedenen (Hierarchie-)Ebenen und in verschiedenen Unternehmensbereichen tätig sind, mit der Digitalisierung bzw. einzelnen Teilprojekten beauftragen.

Sagen Sie jeder dieser Personen, dass ihr Projekt das wichtigste sei. Bei offiziellen Anlässen leugnen Sie dann, jemals etwas derartiges gesagt zu haben.

Entwickeln Sie möglichst mehrere und möglichst komplizierte Modelle Die in diesem Buch vorgestellten Modelle haben eine Kernidee: dem komplexen Problem der Digitalisierung möglichst mit *Einfachheit* zu begegnen. Eine gute Strategie ist eine, die wirklich alle verstehen. Nur so kann die Herausforderung gemeinsam gemeistert werden.

Dem einheitlichen, gleichen Verständnis sollten Sie möglichst entgegenwirken: Entwickeln Sie möglichst oft und in unregelmäßigen, aber kurzen Abständen komplett neue Modelle zur Strukturierung der Aufgabe. Gut sind 10, besser sind 20 oder 30 verschiedene Handlungsfelder, die Sie darin für die Digitalisierung definieren. Sollte der unwahrscheinliche Fall eintreten, dass jemand zugibt, das Modell nicht zu verstehen, winken Sie mit einer rollenden Augenbewegung ab. Der Betreffende wird nie wieder nachfragen.

Zetteln Sie möglichst viele (verschiedene) Initiativen an Ein möglichst kompliziertes Modell bietet die perfekte Basis, um möglichst viele verschiedene, teilweise konträre, aber besser noch überlappende Initiativen anzuzetteln.

Wir wissen alle: Je mehr Initiativen auf dem Plan stehen, desto weniger werden umgesetzt.

Große Ankündigungen, gefolgt von Lippenbekenntnissen Machen Sie eine große Ankündigung, dass „da jetzt was kommt in Sachen Digitalisierung" – und verzichten Sie dann eine Zeit lang auf jede weitere Kommunikation zum Thema, um die Spannung zu steigern. Reden Sie viel, aber lassen Sie dem Reden keine Taten folgen. Klären Sie auf keinen Fall regelmäßig über den Fortschritt der Initiative auf, denn wenn Ihre Mitarbeiter zu viel wissen, könnten sie auf dumme Gedanken kommen und vielleicht sogar eigene Ideen entwickeln.

Unter keinen Umständen Ideen von Mitarbeitern würdigen Spielen Sie Mitarbeiter-Ideen, die über Optimierung der Prozessabläufe in der Kantine hinaus gehen, tunlichst herunter, sonst bilden sich die Leute wer-weiß-was ein.

Es steht Ihnen natürlich frei, gute Ideen als Ihre eigenen zu präsentieren, aber vergessen Sie nicht, den wahren Urheber wegen Insubordination strafzuversetzen.

Entwickeln Sie Ideen immer nur in elitären kleinen Kreisen Es ist immer öfter zu hören, bahnbrechende Innovationen würden in den wenigsten Fällen durch einen einsamen, genialen Daniel Düsentrieb erschaffen, sondern in der Regel durch interdisziplinäre und intelligent zusammengestellte Teams. Diese Teams – so heißt es – agieren im Netzwerk und haben zahlreiche Verbindungen nach außen, insbesondere zu Ansprechpartnern beim Kunden, die die Produkte und Dienstleistungen im täglichen Betrieb nutzen. Gerade die Digitalisierung mache die Sammlung und Auswertung von Feedback sehr einfach.

Diese neumodischen Trends sollten Sie nicht stören. Machen Sie die Digitalisierung zur *exklusiven* Chefsache. Am besten schicken Sie ein paar hochrangige Manager ins Silicon Valley. Sie werden nach der Rückkehr vor Ideen sprudeln. Wenn Sie sie dann in einen Raum sperren, werden sie mit Sicherheit das Richtige entwickeln. Natürlich werden sie dann ihre Ideen auch bis aufs Messer verteidigen – wenn diese bis zur Marktreife durchgeboxt werden umso besser. Vorher aber bitte – zumindest vor den Kunden – geheim halten. Wenn Sie Glück haben entstehen entsprechend der mangelnden Transparenz unweigerlich Gerüchte, wenn irgend möglich dann heizen Sie diese am besten noch mit ein paar angsterzeugenden Aussagen im Sinne von „Digitalisierung als Jobkiller" etc. an. Dies kann deren Verbreitung sehr gut beschleunigen.

Versuchen Sie, möglichst alles vorauszuplanen, sodass keine Fehler passieren Die moderne Softwareentwicklung, so hört man, habe uns gezeigt, dass es ab einem gewissen Zeitpunkt sinnvoll sein kann und muss, einfach mal loszulegen und auch den Mut zum Fehler zu haben. Alle agilen Konzepte und neuartigen produktentwicklungsbezogenen Vorgehensmodelle haben diesen gemeinsamen Nenner.

Die meisten Experten sind sich einig, dass sich Innovation nicht planen lässt. Viele Innovationen, die einst vielversprechend waren, haben es nicht auf den Markt geschafft; dagegen wurde zahlreichen heute erfolgreichen Produkten zunächst keinerlei Erfolgspotenzial zugesprochen. Der Innovationsprozess, so sagen die Experten, sei vor allen Dingen eins nicht: linear. Gerade daher seien Konzepte wie das Lean Start-up so erfolgreich: Es gehe hier um Experimentieren und Lernen, um regelmäßig neue Erkenntnisse zu gewinnen und diese in das Produkt oder die Dienstleistung einfließen zu lassen.

Hören Sie nicht auf diese Leute. Machen Sie es anders: Versuchen Sie möglichst *keine Fehler* in der Planung zuzulassen. Planen Sie alles minutiös und möglichst komplex im Voraus. Die Pläne justieren Sie in langen Meetings am besten so lange, bis sie keiner mehr sehen will und möglichst jeder Beteiligte mindestens ein Zugeständnis gemacht hat. Idealerweise können Sie selbst nach all den Anpassungen das ursprüngliche Ziel nicht mehr erkennen.

Implementieren Sie agile Methoden, aber verbiegen Sie die Methoden möglichst stark Sie werden vermutlich nicht umhinkommen, auch agile Methoden zu implementieren. Wenn Sie dies allerdings tun, dann verändern Sie diese möglichst stark. Sie können beispielsweise Scrum implementieren, die einzelnen Sprint Zyklen aber zu Mittelstrecke oder Marathonrennen machen. Ideal ist alles ab drei Monaten.

Der Vorteil ist, nun können Sie zwar behaupten, agil zu arbeiten sind es aber nicht. Durch die langen Planungszyklen geht jegliche Agilität verloren und Ihre Mitarbeiter werden schnell erkennen, dass Sie der

Quartalsplanung oder dem Halbjahresplan einfach nur einen neuen Anstrich verpasst haben. Alter Wein in neuen Schläuchen eben – das hat sich schon jahrhundertelang bewährt.

Mit dieser Vorgehensweise schlagen Sie gleich zwei Fliegen mit einer Klappe: die Inhalte kommen auch nicht schneller voran als zuvor aber – noch viel wichtiger – die Methodik wurde nachhaltig in Verruf gebracht („bringt doch eh nichts").

Treffen Sie Entscheidungen immer nur „ganz oben" Angefangen mit der Planung aber auch während der Projekte sollten Sie Entscheidungen immer nur ganz oben treffen. Am besten macht das eine (unfehlbare) Person oder ein kleines Team hinter verschlossenen Türen.

Damit verhindern Sie automatisch, dass Mitarbeiter sich einmischen, und dass das Projekt von dem von Ihnen gewählten Weg abweicht. Vergessen Sie nicht – Ihre Autorität und Ihre Macht in der Organisation aufrecht zu erhalten ist das A und O!

Setzen Sie – in diesem Sinne – auf Technologie statt auf Kundenwert Solange Sie die richtige Technologie einsetzen, wird Ihr Angebot früher oder später auch Wert für die Kunden erzeugen. Daher macht es überhaupt nichts aus, wenn Sie sich über das Wertversprechen Ihres Angebots zunächst keine Gedanken machen.

Nun sagen manche: Um für den Kunden Wert zu schaffen, müsse man eigentlich nur eines tun: Die bekannten *Kundenbedürfnisse* in den Mittelpunkt stellen und sie optimal unterstützen beziehungsweise befriedigen. Diese Erkenntnis sei eine wesentliche Erklärung für die heutige „Sharing Economy": während es früher noch ein wichtiges Kundenbedürfnis war, ein Auto, einen E-Roller oder ein Fahrrad zu besitzen, seien diese Objekte heute in den meisten Fällen (Stichwort ‚urbanes Leben') oft nur noch ein Klotz am Bein. Das Kundenbedürfnis, von Punkt A nach Punkt B zu gelangen, ließe sich ebenso gut über Mietangebote befriedigen.

Machen Sie es – im übertragenen Sinne – wie die Automobilindustrie: Spekulieren Sie darauf, dass sich auch dieser Sachverhalt in Zukunft wieder ändern wird.

Binden Sie Ihre Kunden – wenn überhaupt – möglichst spät ein „Der Kunde ist König" – wie es so schön heißt. Und daher wollen Sie ihn natürlich auch nicht mit ihren neuen Ideen belästigen oder gar in die frühe Phase des Innovationsprozesses einbinden, dann schließlich könnten Sie sich ja blamieren. Ihre Führungskräfte werden dafür bezahlt die Bedürfnisse der Kunden ganz genau zu kennen, und daher sollten Sie auf die interne Einschätzung vertrauen und keinesfalls den Kunden fragen.

Die Geschichte von den ‚Digital Natives', die selbstbestimmt, gut ausgebildet und in der Lage sind, sich selbst zu informieren, ist ein Märchen. Die Kunden sind passiv und wollen keinesfalls bei der Produktgestaltung mitwirken. Trends wie Mitgestalten, Zusammenarbeit, Individualisierung, Teilen und Bewerten sind nicht von Dauer und werden wieder vergehen.

Gründen Sie unbedingt ein dediziertes Digital Lab aber wenn, dann in möglichst großer geografischer Entfernung, denn man will die guten Leute ja nicht beim Tischkickern stören. Falls Sie ein mittelständisches Unternehmen aus Süddeutschland sind, bietet sich Berlin als Standort für Ihr Digital Lab an. Besetzen Sie Ihr Innovation Lab mit wildfremden Leuten, die Ihr Unternehmen noch nie gesehen haben, und lassen Sie die guten Leute ins Blaue hinein improvisieren, was das Zeug hält. Sie werden staunen, was für raffinierte Ideen dabei entstehen, die Ihr Unternehmen umkrempeln werden! Und – man kann es nicht oft genug betonen – lassen Sie die Kunden außen vor, die stören nur mit ihren Sonderwünschen und ihrem Genörgel. Ach, und sollte das Innovation Lab nicht innerhalb der festgesetzten Frist ein fertiges Konzept liefern: Schluss mit lustig, Lab schließen!

Beteiligen Sie sich an einem oder mehreren Start-ups aber nicht zu eng bitte, das wirkt aufdringlich. Ersparen Sie sich die Mühe, die Ergebnisse fortlaufend zu kontrollieren, das empfinden manche Menschen als unangenehme Aufforderung, sich anzustrengen und Resultate zu erzielen. Es genügt, sagen zu können: „Wir beteiligen uns da an einem echt coolen Start-up!"

Um nicht mit der DSGVO in Konflikt zu kommen, sammeln Sie besser keine Daten Wie sich inzwischen herumgesprochen hat, sind die heute bestehenden Möglichkeiten zur Sammlung und Auswertung von Daten – insbesondere um Rückschlüsse über das Kundenverhalten abzuleiten – immens. Vor allen Dingen die Geschwindigkeit der Auswertung großer Datenvolumina dank moderner Computertechnik macht es möglich, die Ausrichtung von Angeboten und gar kompletten Geschäftsmodellen zumindest teilweise unmittelbar an neue Gegebenheiten anzupassen. So weit die Realität. Und der Ratschlag zum Scheitern? Der lautet etwa so:

Machen Sie es so, wie die meisten Unternehmen – schenken Sie diesen Daten keine Beachtung. Lassen Sie wie Andere auf Ihren Servern Petabytes an ungenutzten Datenschätzen weiter schlummern. Der Wert der Daten und deren Analyse wird sowieso überschätzt. Vertrauen Sie am besten Ihrem Bauchgefühl!

Auch sollten Sie gesammelte Daten keinesfalls mit den Daten von Partnerunternehmen, Kunden oder Lieferanten teilen oder verknüpfen. Die wollen Sie sowieso nur ausspionieren. Außerdem wäre es viel zu aufwendig zu definieren, welche Daten genau ausgetauscht werden sollen und dürfen. Auch die Ergänzung Ihrer eigenen Daten durch Daten aus frei zugänglichen Quellen können Sie sich schenken – Ihre Daten sind sicherlich so einzigartig, dass kein derartiges Verfahren sinnvoll wäre.

Innovationsprojekte braucht man nicht wirklich umzusetzen Verhindern Sie, dass die Ideen aus Innovationsprojekten oder Inkubatoren konsequent umgesetzt werden. Sonst fördern Sie am Ende noch eigenständiges Denken der Mitarbeiter – und Ihr Unternehmen könnte sich verändern! Sagen Sie „A", aber keinesfalls „B" – denn bei jedem Projekt gilt: Möglichst halbherzig sollte es schon sein – das Tagesgeschäft geht in jedem Fall vor.

Sollte es dann tatsächlich schiefgehen, können Sie jederzeit und einigermaßen glaubhaft behaupten, dass Sie das „von Anfang an schon wussten, dass da nur heiße Luft produziert wird" – vermeiden Sie hier unbedingt eine klare Linie. In diesem Aspekt können die oben angesprochenen komplizierten Modelle übrigens äußerst hilfreich sein.

... oder tun Sie einfach gar nichts Es gibt sicherlich noch viel mehr Fallen, in die man bei der Implementierung von Digitalisierungsstrategien tappen kann – den schwerwiegendsten Fehler, den man jedoch machen kann, ist einfach nichts zu tun.

6.2 Wie es gelingen kann

Die digitale Transformation ist ein Veränderungsprozess, der uns nicht nur innerhalb der Unternehmen, sondern gesamtgesellschaftlich vor eine ganze Reihe von Herausforderungen stellt. Für den Erfolg ist es enorm wichtig ist, *jeden Mitarbeiter* zu erreichen und für die Aufgabe zu gewinnen. Dementsprechend steht am Anfang eines erfolgreichen Vorgehens eine *klare und transparente Kommunikation der geplanten Vorgehensweise bzw. Strategie.*

Da die Digitalisierung *jeden* Mitarbeiter im Unternehmen betrifft, muss die Kommunikation auch mit der gesamten Belegschaft – und nicht nur mit dem Führungskreis – kompatibel sein. Nur so kann erreicht werden, dass sich möglichst viele Experten daran beteiligen und effektiv und effizient zusammenarbeiten. Hier hilft die Tatsache, dass das Digital Navigator Modell sehr einfach aufgebaut ist. Die drei Dimensionen der Digitalisierung – kundenspezifisch, organisationsspezifisch und geschäftsmodellspezifisch sind leicht verständlich – in dieser Weise kategorisiert können die Ideen und Ziele eindringlich im ganzen Unternehmen vermittelt werden. Die geometrischen Verhältnisse im Modell machen zudem implizit klar, dass der Bereich der geschäftsmodellspezifischen Digitalisierung – zumindest anfangs – ein Vielfaches an Ideen enthalten sollte.

Damit haben Sie das „Was" immer parat, sinnvollerweise starten Sie jedoch in der Kommunikation der Strategie nicht damit.

Kommunikation – mit dem Warum starten
Simon Sinek beschreibt mit seinem einfachen *„Golden Circle"* (Sinek 2011), wie man Ideen und Strategien erfolgreich kommuniziert: In drei konzentrischen Kreisen steht im innersten Kreis „Why", im mittleren „How" und im äußeren „What" (siehe Abb. 6.1).

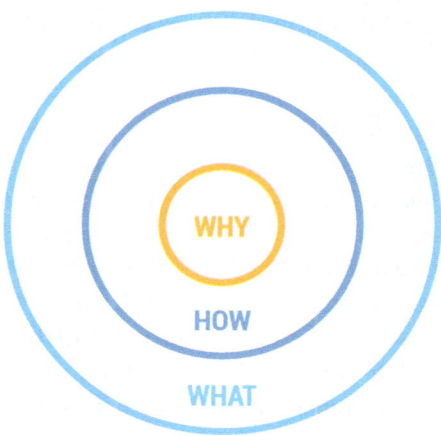

Abb. 6.1 Golden Circle: mit dem „Warum" starten. (Eigene Darstellung in Anlehnung an Sinek 2011)

Seine Argumentation: Die meisten Unternehmen vermarkten ihre Angebote, indem sie vom äußeren Kreis, dem „What" – also dem angebotenen Produkt oder der Dienstleistung als solchem – ausgehend argumentieren, dessen Beschaffenheit und Vorteile („How") anpreisen und es meist dabei bewenden lassen. Was sie meist unter den Tisch fallen lassen, ist das „Why", das „Warum", sagt Sinek: warum tun wir dies, was motiviert uns zu tun, was wir tun? Genau das ist es aber, was die Menschen anspricht, erreicht und letztlich aktiviert: die emotionale Ebene, das limbische System, die Motivation, die den Ausgangspunkt der unternehmerischen Tätigkeit bildet.

Damit, so Sinek, sollte man eigentlich anfangen – und er erwähnt Apple als Vorbild. Das Unternehmen stelle seine Begeisterung für eine ganz eigene Philosophie in den Vordergrund seiner Kommunikation: die Begeisterung für Benutzerfreundlichkeit, ästhetische Attraktivität, das einzigartige Nutzererlebnis oder einfach „anders zu denken" („Think different."). Deshalb sei Apple so erfolgreich – die Produkte unterstützen diese Philosophie und nicht umgekehrt. Das Fazit kann man in etwa so zusammenfassen: Gehen Sie von der Frage aus, was Ihre Kunden anspricht und deren Fantasie entfacht. Versetzen Sie sich in Ihren Endkunden hinein, und überlegen Sie, was ihn „vom Sockel reißen würde". Bauen Sie Ihre Unternehmensphilosophie auf diesem Gedankengang auf.

Diese Erkenntnis kann man sich für die *Kommunikation der Digitalisierungsstrategie* zunutze machen: erarbeiten Sie das für Ihr Unternehmen geeignete „Why". Dies sollte der erste Auftrag des CDO oder Digitalisierungsteams sein und kann mitunter ein langwieriger Prozess sein – Pauschallösungen gibt es hier nicht. Das ist auch gut so und macht die Existenz eines starken „Why" zum echten Wettbewerbsvorteil. Es ist in diesem frühen Stadium noch nicht notwendig, einen spezifischen Masterplan mit allen Meilensteinen zu haben, zumal dieser Plan sich im Zuge des (agilen) Projekts ohnehin erst entwickeln wird; aber ein einvernehmlicher Plan für den Einstieg und ein paar wenige erste Schritte sollten vorliegen. Der Belegschaft soll vermittelt werden, dass das Unternehmen sich ändern muss, um konkurrenzfähig zu bleiben, und das dies nur funktionieren kann, wenn jeder sich einbringt. Der Tenor: In Zeiten des Wandels ist Wandlungsfähigkeit gefragt. Dass es keineswegs um potenzielle Kündigungen geht, kann beiläufig eingeflochten werden.

Es soll bewusst eine Aufbruchsstimmung erzeugt werden, die das Interesse aller weckt und sie motiviert, sich einzubringen. Zur Kommunikation der Vorgehensweise kann bildlich dargestellt werden, welchen Pfad die Digitalisierung im Unternehmen nimmt. Dies macht die Kommunikation transparent, und das schafft Vertrauen und fördert die Bereitschaft, sich zu engagieren. Es ist „unser" Projekt, das „Wir" steht im Vordergrund: Wir wollen für veränderte wirtschaftliche Rahmenbedingungen gerüstet sein, darum öffnen wir jetzt Augen und Ohren und suchen nach neuen, digitalen Chancen.

Nur wer überzeugt ist, kann überzeugen
Dass wie bei jeder größeren Änderung die Gefahr von Konflikten besteht, soll hier nicht verschwiegen werden. Zwischen agil und nicht agil arbeitenden Gruppen, zwischen jüngeren, Technik-affinen und älteren, „analog" geprägten Mitarbeitern, zwischen Bedenkenträgern und kritiklosen Befürwortern aller Innovationen kann es zu bisweilen heftigen Meinungsverschiedenheiten kommen. Je größer die Zweifel und

Widerstände in der Belegschaft, desto überzeugter muss die Führungsebene von ihrem Vorhaben sein. Zunächst muss der Führungsspitze selbst klar sein, worum es im Kern geht: Das „Warum" (siehe oben) einerseits und das konkrete Ziel andererseits. Ohne die Überzeugung des Handelnmüssens ist kein Erfolg möglich.

Zum Zweiten muss man die menschliche Natur realistisch einschätzen können, um die Dinge in Bewegung zu bringen. Reaktionen wie „Das wissen/tun wir doch schon längst, das ist doch alles nicht neu, deswegen brauchen wir doch keine Digitalisierung/kein großes Aufhebens" usw. sind zu erwarten. Man muss mit Überzeugungskraft klarstellen, dass genau diese Behauptungen nicht zutreffen. Überzeugungsarbeit ist ein sehr großer Teil des Erfolgsrezepts.

Zu dieser Überzeugung gehört auch der Glaube an die Machbarkeit und Erreichbarkeit der Zukunftsvision. An die Stelle von „Wir können dies oder jenes nicht tun, weil unser Unternehmen so und so aufgebaut ist" tritt „Um diese oder jene Chancen nutzen zu können, müssen wir den Aufbau/die Prozesse unseres Unternehmens anpassen."

Wenn die Führungsebene also deutlich sichtbar hinter der Digitalisierungsinitiative steht, selbst ein klares Ziel vor Augen hat und sowohl den allgemeinen Kontext (Mission/Vision/Werte) als auch die Ziele des konkreten Projekts vermitteln kann, ist eine wichtige Erfolgsvoraussetzung erfüllt. In den unteren Bereichen des Navigators, wo es konkreter zugeht, ist die Darstellung konkreter Ziele naturgemäß einfacher als im eher experimentellen oberen Bereich, der sich mit dem Geschäftsmodell beschäftigt.

Dranbleiben und Quick-Wins erzielen
Es ist unabdingbar, dass auf einen groß angekündigten Aufbruch auch deutlich wahrnehmbare Schritte folgen. Schnelle Erfolge *(Quick-Wins)* bei einzelnen Projekten und die sofortige, konsequente Implementierung sind für das Momentum des Vorhabens sehr wichtig, gerade im Bereich der kundenspezifischen Digitalisierung. So kann auch in Richtung Kunde ein Fortschritt kommuniziert werden. Die organisationsspezifischen Digitalisierungsthemen können parallel oder in einer zweiten Phase angegangen werden. Bei beiden finden inkrementelle Innovationen nahe am Kerngeschäft statt und es werden wichtige

Grundsteine für radikalere Innovationen im Bereich der geschäftsmodellspezifischen Digitalisierung gelegt. Regelmäßige öffentliche und für alle Mitarbeiter zugängliche Veranstaltungen („Townhall-Meetings") in mehr oder minder regelmäßigen Abständen können dazu dienen, Rechenschaft über Erreichtes abzulegen, Erfolge zu feiern und die nächsten Schritte anzukündigen. Auch ein Blog im Intranet kann dazu genutzt werden, um über Erfolge, Teilprojekte etc. zu informieren und das Momentum der Initiative(n) aufrecht zu erhalten. Dies ist besonders wertvoll, wenn das Unternehmen über mehrere separate Standorte verfügt und/oder international aufgestellt ist. Außerdem kann mit Postern und anderen Aktionen der „Spirit" genährt werden.

In vielen Initiativen zur Effizienzsteigerung, Kosteneinsparung und dergleichen hat sich gezeigt, dass auch scheinbar kleine Maßnahmen zur Verbesserung der Ergebnisse beitragen können. Dies führte zu Konzepten wie „Kaizen" oder dem kontinuierlichen Verbesserungsprozess (KVP). In diesem Sinne sollten die Mitarbeiter auch wissen, dass jeder Vorschlag in Richtung Digitalisierung bedenkenswert ist. Schließlich gehen wir alle jeden Tag mit den neuen Technologien um und jeder kann sehr wohl einschätzen, was eine gute App ausmacht – nicht nur der User-Experience Experte.

Man kann den unternehmensweiten Dialog über die Digitalisierungsinitiativen auch mithilfe einer eigens geschaffenen Online-Plattform fortsetzen, auf der jeder mittels seines Smartphones die Entwicklung mitverfolgen, Ideen einreichen, Feedback geben und mit anderen diskutieren kann. Wichtig ist nur, dass die erörterten Themen von den Verantwortlichen systematisch erfasst und bearbeitet werden, sodass die Diskussion nicht ins Leere läuft. Die zunehmende Ausgestaltung des Navigators – die Befüllung mit Vorschlägen, Anregungen, Strategien, Zielen etc. – kann ebenfalls über eine solche Plattform erfolgen, auch grafisch; hier sind der Fantasie keine Grenzen gesetzt.

In dieser Weise fungiert der Digital Navigator als Grundraster für die Verständigung im gesamten Unternehmen, nicht nur im Digitalisierungsteam. Er ist einfach und einprägsam. Jeder Mitarbeiter der Stammorganisation kann sich ohne Schwierigkeit einer der beiden unteren Domänen des Navigators zuordnen. Die

Geschäftsmodell-Domäne ist dann die Spielwiese für konkrete Projekte, die das Geschäftsmodell erweitern, modifizieren oder ergänzen.

Wichtig ist, die Proportionen der Initiativen im Blick zu behalten und die Maßnahmen zeitlich sinnvoll zu staffeln. Wer alles auf einmal versucht, riskiert die Überforderung der Organisation.

Umsetzung mit Hilfe des 4DX Prinzips
Und natürlich braucht es zur nachhaltigen Umsetzung von Strategien auch methodisches Know-how. Ideen zu haben ist eine Sache; sie zu strukturieren, zu bündeln, zu priorisieren, zeitlich geschickt zu planen und die richtigen Ressourcen zu identifizieren und zuzuweisen und dann alles auch strategisch klug zu realisieren, ohne sich zu verzetteln, eine andere. Es gibt eine Reihe guter methodischer Ansätze, die die Frage beantworten: Wie packe ich das Ganze jetzt an? Den einen oder anderen sollte man sich getrost als Leitfaden zu Hilfe nehmen.

Als vielversprechende und bewährte Methode zur Umsetzung sei hier beispielhaft auf das Konzept *„Die 4 Disziplinen der Umsetzung"* (4DX) als Vorgehensweise verwiesen (Covey et al. 2016), deren Kernprinzipien im Folgenden kurz skizziert werden. Die Grundidee ist, dass jedes Projekt, das nicht zum direkt Tagesgeschäft eines Unternehmens gehört, zusätzliche Aufmerksamkeit erfordert und die Verantwortlichen und die Mitarbeiter über ihre Routineaufgaben hinaus beansprucht.

Daraus ergibt sich ein Konflikt zwischen beidem – dem, was man ohnehin üblicherweise zu erledigen hat, und dem strategischen Projekt. Nichts liegt erfahrungsgemäß näher, als das eine zugunsten des anderen zu vernachlässigen. Was in den meisten Fällen leidet, ist das strategische Projekt – es wird auf der dringlicheren tagtäglichen Agenda (dem *„Wirbelwind des Tagesgeschäfts"*) auf den zweiten Platz gesetzt, wird aufgeschoben und verdrängt und verliert dadurch unmerklich, aber stetig an Dynamik. Viele strategische Projekte, die eigentlich für die Zukunftsfähigkeit des Unternehmens wichtig wären, versanden deshalb. Dies kann man insbesondere bei der Digitalisierung beobachten.

Besonders gravierend wird dieses Problem, wenn zu viele Ziele gleichzeitig verfolgt werden. Überforderung führt meist zum Scheitern. Verschärft wird diese weit verbreitete Situation durch ein zusätzliches

Kommunikationsproblem: Weil es in vielen traditionell aufgestellten Unternehmen unüblich ist, die Mitarbeiterschaft in strategische Überlegungen, Pläne und Ziele einzuweihen, mangelt es am Engagement der Mitarbeiter. Zwar werden ihnen durchaus Ziele vorgegeben, aber der größere Kontext, der „Sinn und Zweck", wird ihnen nicht vermittelt. Wer Sinn und Zweck nicht versteht, wird auch nicht zu besonderem Engagement motiviert. Ohne die Motivation der Mitarbeiter ist es unendlich schwierig für Unternehmen, einen strategischen Kurswechsel zu vollziehen.

Abhilfe gegen diese sehr weit verbreitete Problematik verspricht die 4DX-Methode, die vier Disziplinen und einen spezifischen Ablauf beschreibt, wie in Abb. 6.2 dargestellt.

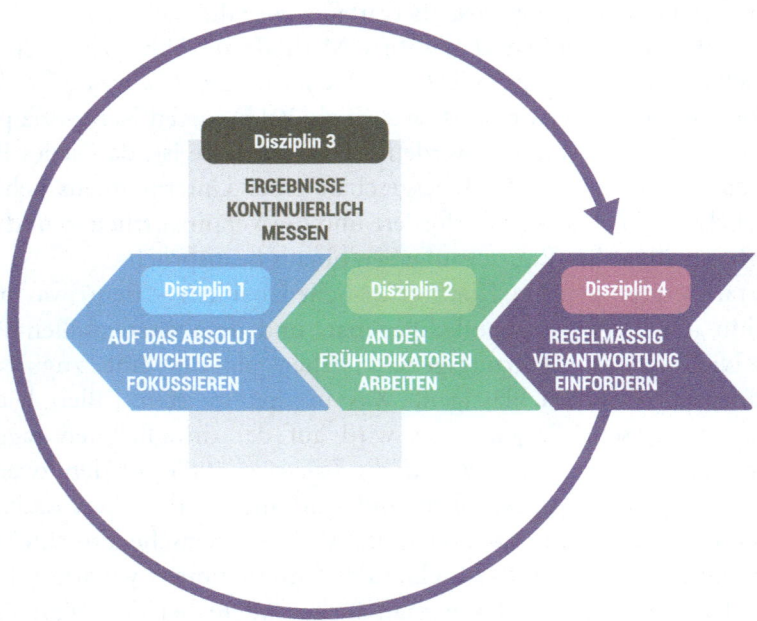

Abb. 6.2 Die 4 Disziplinen der Umsetzung. (Eigene Darstellung in Anlehnung an Covey et al. 2016)

Der Umsetzungsprozess richtet sich dabei nach den folgenden Schritten.

1. Fokussieren Wer sich zu viel vornimmt, bringt weniger zustande. Beschränken Sie sich auf ein oder zwei besonders vordringliche Ziele gleichzeitig (die Autoren nennen dies die „*Wildly Important Goals*", also etwa „wahnsinnig wichtige Ziele", kurz WIGs). Diese Ziele richten sich danach, welche Maßnahmen in welchem Bereich die größte positive Wirkung für das Unternehmen entfalten würden. Konzentrieren Sie Ihre Ressourcen und Ihre Aufmerksamkeit auf diese wenigen „WIGs", ohne das parallel dazu laufende Tagesgeschäft zu vernachlässigen. D. h. in Bezug auf die WIGs, mehr Energie auf weniger Ziele zu verwenden. Hier gilt nämlich das „Gesetz der abnehmenden Erträge" und das „Gesetz der Schwerkraft" – wenn sich ein Team neben dem Tagesgeschäft auf 2–3 Ziele konzentriert, ist es realistisch diese auch zu erreichen – bei 4–10 Zielen sinkt die Erfolgsrate schon auf ein oder zwei davon – und noch schlimmer, bei 11–20 Zielen, die gleichzeitig verfolgt werden, geht der Fokus komplett verloren, das Team verzettelt sich und letztlich wird überhaupt nichts mehr umgesetzt.

2. Frühindikatoren definieren und messen Wer die Arbeit auf ein Ziel hin erst im Nachhinein anhand von Geschäftsergebnissen beurteilt, kann unterwegs schlecht abschätzen, wie wirksam die aktuellen Bemühungen auf das Ziel hin wirklich sind. Durch das Definieren von Leistungsmessgrößen als Frühindikatoren können die Beteiligten mitverfolgen, wie effektiv sie sich auf das Ziel hinbewegen – ähnlich einem Fitness-Laufband, das die noch zu laufenden Kilometer auf der eingestellten Gesamtstrecke, die Steigung und die Geschwindigkeit anzeigt. Frühindikatoren messen die Maßnahmen, die den größten Beitrag zur Zielerreichung leisten, und helfen dem Team zu beurteilen, wie engagiert es an der Erreichung des Ziels arbeitet. Die Frühindikatoren zu definieren ist in der Praxis der vermutlich schwierigste Teil des Konzepts, da die Arbeit an diesen zunächst der Intuition widerspricht. Ein Beispiel: Ein Frühindikator für einen Menschen der abnehmen möchte ist *nicht das Gewicht* – dieses kann er nämlich nicht direkt beeinflussen. Ein Frühindikator wäre hier vielmehr die Anzahl der aufgenommenen Kalorien oder auch die Anzahl der Sporteinheiten, um zusätzliche Kalorien zu verbrennen.

3. Fortschritte messen Nicht zu verwechseln mit den Frühindikatoren, die voraus auf das Ziel blicken. Die Messung der Fortschritte dagegen ist der Blick zurück auf das bereits Erreichte. Die Quantifizierung der Fortschritte zeigt dem Team objektiv, was es geleistet hat, und motiviert zu hohem Engagement. Bewährt hat sich ein „Scoreboard", das vom Team selbst entwickelt und geführt wird. Auch hier gilt wieder: möglichst einfach und eindringlich sollte hier die Darstellung sein. Ein Beispiel wäre der Spielstand bei einem Fußballspiel – im Gegensatz zu Statistiken über den Ballbesitz oder die zurückgelegten Strecken einzelner Spieler.

Regelmäßig Verantwortung übernehmen und Rechenschaft ablegen Jedes Team-Mitglied soll mindestens einmal pro Woche die Verantwortung für einen Schritt auf das Ziel hin übernehmen, und jeder Mitarbeiter soll im Wochenturnus im Team Rechenschaft über seine Tätigkeit während der vergangenen Woche ablegen und sich zu bestimmten Leistungen für die neue Woche verpflichten. Dies schafft Klarheit und bietet von Woche zu Woche die Möglichkeit zu Zielkorrekturen. Die o. a. Intranet-Seiten oder Blogs bieten hierzu eine ideale Plattform.

Das Prinzip „Fokussieren" gilt für Hauptziele und Teilziele – auf allen Ebenen ist auf Ökonomie zu achten, um stets die Klarheit über die Zielsetzung aufrecht zu erhalten und Überforderung und Verzetteln zu vermeiden. Das Definieren von Teilzielen vertraut man am besten den entsprechenden Teams an, weil sie „näher dran" sind und die fraglichen Sachverhalte am besten durchschauen. Überhaupt betont das 4DX-Konzepts, wie wichtig die enge Zusammenarbeit der Führungsebene mit den Mitarbeiterteams ist.

4DX setzt auf Simplizität, weil Führungskräfte oft sich selbst und ihren Mitarbeitern zu viele Ziele und Unterziele gleichzeitig zumuten und dadurch nur weniges gelingt. Die Simplizität des Konzepts soll aber nicht darüber hinwegtäuschen, dass die Umsetzung in der Praxis alles andere als einfach ist. Zudem widerspricht 4DX in mancher

Hinsicht den „erlernten Instinkten" vieler Führungskräfte, weil sie ihre vielen Ideen und ihre Fixierung auf die Endergebnisse gegen die Arbeit mit Frühindikatoren eintauschen müssen. Um das Konzept sinnvoll und erfolgreich umzusetzen, müssen die vier Disziplinen miteinander gekoppelt werden. Erst aus ihrem sequenziellen Zusammenspiel entfaltet sich das ganze Leistungspotenzial dieses methodischen Ansatzes.

4DX ist allerdings leichter gesagt als getan. Bei der Implementierung der vier Disziplinen wird man anfangs Dinge tun, die auf den ersten Blick wenig sinnvoll erscheinen und der Intuition widersprechen. Vor allem, weil man naturgemäß den Drang hat, möglichst viele Ziele gleichzeitig verfolgen zu wollen oder direkt an den Zielen und nicht an den Frühindikatoren zu arbeiten. 4DX ist ein Gesamtkonzept: Die wahre Kraft des Konzepts entfaltet sich erst, wenn die einzelnen Disziplinen miteinander verzahnt werden und sequenziell zusammenspielen können.

Literatur

Covey, S., McChesney, C., Huling, J., & Maron, A. (2016). *Die 4 Disziplinen der Umsetzung – Strategien sicher umsetzen und Ziele erfolgreich erreichen.* München: Redline Wirtschaft.

Sinek, S. (2011). *Start with why: How great leaders inspire everyone to take action.* London: Portfolio, Penguin. (Paperback ed. with a new preface and new afterword).

Schlusswort

Was wir brauchen, sind ein paar verrückte Leute; seht euch an, wohin uns die normalen gebracht haben.
George Bernard Shaw

Auch wenn Bernard Shaw mit dieser Aussage sicher nicht die Automobilindustrie des 21. Jahrhunderts – unsere heutige Leitindustrie – im Blick hatte, so ist sein Vorschlag treffender denn je. Zwar hat uns die Automobilindustrie in Deutschland sehr viel Wohlstand und aus organisatorischer Sicht zahlreiche Prozesse und Prozessvorgaben gebracht; jedoch ist sie – und nicht sie allein – eine konservative Branche, die sich mit der Herausforderung einer radikalen Neuausrichtung schwertut. Alle Prozesse, Verfahren und Managementkonzepte, die hier im Laufe des 20. Jahrhunderts entwickelt wurden, zielen eben auch genau auf die Herausforderungen von damals ab.

Der Dieselskandal zeigt eindrücklich, dass lieber getrickst wird, als erforderliche technologische Innovation in Angriff zu nehmen und neue Wege zu gehen. Der altgewohnte Weg war einfach zu bequem, und auch die Politik tat nichts, um die ausgetretenen Pfade zu verlassen. Während man also weiterschlief, zogen Elon Musk und fernöstliche Innovatoren mittlerweile auf der Überholspur vorbei.

Alles in allem sind die in diesem Buch vorgestellten Konzepte und Prinzipien nicht schwer zu verstehen. Allerdings ist ihre praktische Umsetzung eine enorme Herausforderung, die Entschlossenheit und Willenskraft erfordert. Wer sich darauf rechtzeitig einlässt, schafft sich einen echten Wettbewerbs- bzw. Zukunftsvorteil.

Es soll hier auch noch einmal ausdrücklich darauf hingewiesen werden, dass die digitale Transformation und der damit einhergehende Kulturwandel kein Projekt sind, das man einmal durchführt und es damit bewenden lässt. Es ist vielmehr eine dynamische Management-Philosophie, ein Projekt ohne Ende, denn das Identifizieren neuer Herausforderungen, die Entwicklung entsprechender Lösungsansätze, die Anpassung an sich ständig ändernde Marktbedingungen usw. hören ja gleichsam auch nie auf.

Dennoch ist es keine schlechte Idee, in zeitlich abgegrenzten (Teil-) Projekten zu denken, weil das erfolgreiche Beenden eines Projektes schließlich auch jeweils ein Erfolgserlebnis vermittelt. Jedes Projekt führt dann automatisch zu neuen Projekten und setzt ggf. eine Erfolgsspirale in Gang. Um diese in Gang zu halten, muss es einen dedizierten Sponsor aus dem Top-Management geben. Eine 2019 veröffentlichte Studie des Center for Information Systems Research am MIT kommt in diesem Zusammenhang zum Schluss, dass als kritische Masse dafür sogar drei Personen im Vorstand benötigt werden (Weill, Peter et al. 2019).

In regelmäßigen Meetings auf Top-Management-Ebene aber insbesondere auch unter Einbezug der gesamten Belegschaft können Erfahrungen gesammelt und besprochen werden; so kann der eingeschlagene Digitalisierungskurs gehalten oder ggf. gegengesteuert werden.

In diesem Sinne demokratisiert die Digitalisierung den Umgang mit der Unternehmensstrategie. Dieser andauernde, dynamische Prozess der Digitalen Transformation, erfordert also ein grundsätzliches Umdenken auf der Management-Ebene, die Offenheit gegenüber Neuem, das Einüben neuer Führungspraktiken und sehr viel Disziplin und Lernbereitschaft. Und noch etwas: Der digitale Wandel ist keine Option, sondern existenzielle Notwendigkeit – und zwar jetzt.

Viel Erfolg und vor allem Spaß bei der Umsetzung!

Literatur

Weill, P., Apel, T., Woerner, S. L., & Banner, J. (2019). Assessing the impact of a digitally savvy board on company performance (MIT CISR Working Paper).

The manufacturer's authorised representative in the EU is Springer Nature Customer Service Centre GmbH, Europaplatz 3, 69115 Heidelberg, Germany. If you have any concerns regarding our products, please contact ProductSafety@springernature.com

Printed and bound by CPI Group (UK) Ltd, Croydon, CR0 4YY
25/03/2026
02078223-0002